LES
SEPT PÉCHÉS CAPITAUX

— Première partie —

L'ORGUEIL

IV

L'ORGUEIL
LA DUCHESSE

LES SEPT PÉCHÉS CAPITAUX PAR E. SUE

PÉTION ÉDITEUR N° 11 RUE DU JARDINET

1849

I

Madame Herbaut occupait au troisième étage de la maison qu'habitait aussi le commandant Bernard, un assez grand appartement ; les pièces consacrées à la réunion de chaque dimanche, se composaient de la salle à manger, où l'on dansait au piano ; du salon, où étaient dressées deux tables de jeu pour les personnes qui ne dansaient pas ; et enfin de la chambre à coucher de madame Herbaut, où l'on pouvait se retirer et causer sans être distrait par le bruit de la danse et sans distraire les joueurs.

Cet appartement, d'une extrême simplicité, annonçait la modeste aisance dont jouissait madame Herbaut, veuve et retirée du commerce, avec une petite fortune honorablement gagnée. Les deux filles de cette digne femme s'occupaient lucrativement, l'une de peinture sur porcelaine, l'autre de gravure de musique, travaux qui avaient mis cette jeune personne en rapport avec Herminie, *la duchesse*, nous l'avons dit, gravant aussi de la musique, lorsque les leçons de piano lui manquaient.

Rien de plus gai, de plus riant, de plus

allègrement jeune, que la majorité de la réunion rassemblée ce soir-là chez madame Herbaut : il y avait une quinzaine de jeunes filles, dont la plus âgée ne comptait pas vingt ans, toutes bien déterminées à terminer joyeusement leur dimanche, journée de plaisir et de repos, vaillamment gagnée par le travail et la contrainte de toute une semaine, soit au comptoir, soit au magasin, soit dans quelque sombre arrière-boutique de la rue *Saint-Denis* ou de la rue *des Bourdonnais*, soit, enfin, dans quelque pensionnat.

Plusieurs d'entre ces jeunes filles étaient charmantes ; presque toutes étaient mises avec ce goût que l'on ne trouve peut-être qu'à Paris, dans cette classe modeste et laborieuse; les toilettes étaient d'ailleurs très-fraîches. Ces pauvres filles, ne se parant qu'une fois par semaine, réservaient toutes leurs petites ressources de coquetterie pour cet unique jour de fête, si impatiemment attendu le samedi, si cruellement regretté le lundi!

La partie masculine de l'assemblée, offrait ainsi que cela se rencontre d'ailleurs dans toutes les réunions, un aspect moins élégant, moins distingué que la partie féminine; car, sauf quelques nuances presque imperceptibles, la plupart de ces jeunes filles avaient autant de bonne et gracieuse contenance que si elles eussent appartenu à ce qu'on appelle la *meilleure compagnie*; mais cette différence, toute à l'avantage des jeunes filles, on l'oubliait, grâce à la cordiale humeur des jeunes gens et à leur franche gaîté, tempérée d'ailleurs par le voisinage des grands parents, qui inspirait une sage réserve.

Au lieu de n'être dans tout son lustre que vers une heure du matin, ainsi qu'un bal du grand monde, ce petit bal avait atteint son apogée d'animation et d'entrain vers les neuf heures, madame Herbaut renvoyant impitoyablement avant minuit cette folle jeunesse, car elle devait se trouver le lendemain matin, qui à son bureau, qui à son magasin, qui à la pension, pour la classe de ses écolières, etc., etc.

Terrible moment, hélas ! que cette première heure du lundi... alors que le bruit de la fête du dimanche résonne encore à votre oreille, et que vous songez tristement à cet avenir de six longues journées de travail, de contrainte... et d'assujétissement.

Mais aussi, à mesure que se rapproche ce jour tant désiré, quelle impatience croissante!... quels élans de joie anticipée... Enfin il arrive, ce jour fortuné entre tous les jours, et alors quelle ivresse!!

Rares et modestes joies! jamais du moins vous n'êtes émoussées par la satiété...; le travail au prix duquel on vous achète, vous donne une saveur inconnue des oisifs.

Mais les invités de madame Herbaut philosophaient peu... ce soir-là... réservant leur philosophie pour le lundi.

Une entraînante polka fesait bondir cette infatigable jeunesse.., Telle était la magie de ces accords, que les joueurs et les joueuses eux-mêmes, malgré leur âge et les graves préoccupations du *nain-jaune* et du *loto*.... (seuls jeux autorisés chez madame Herbaut) s'abandonnaient, à leur insu et selon la mesure de cet air si dansant, à de petits balancements sur leur siége, se livrant ainsi à une sorte de vénérable polka assise... qui témoignait de la puissance de l'artiste qui tenait alors le piano.

Cet artiste était... Herminie.

Un mois environ s'était passé depuis la

première entrevue de la jeune fille avec Gerald.

Après cette entrevue, commencée sous l'impression d'un fâcheux incident... et terminée par un gracieux pardon... d'autres rencontres avaient-elles eu lieu entre les deux jeunes gens? On le saura plus tard.

Toujours est-il que ce soir-là... au bal de madame Herbaut, la *duchesse*, habillée d'une robe de mousseline de laine à vingt sous, d'un fond bleu très pâle, avec un gros nœud de rubans roses au corsage et un nœud pareil dans ses magnifiques cheveux blonds, *la duchesse* était ravissante de beauté; un léger coloris nuançait ses joues; ses grands yeux bleus s'ouvraient brillants, animés;

ses lèvres de carmin, aux coins ombragés d'un imperceptible duvet doré, souriant à demi, laissaient voir une ligne d'un blanc émail, tandis que son beau sein virginal palpitait doucement sous le léger tissu qui le voilait, et que son petit pied, merveilleusement chaussé de bottines de satin turc, marquait prestement la mesure de l'entraînante polka...

C'est que, ce jour-là, Herminie était bien heureuse!... Loin de se regarder comme isolée de l'allégresse de ses compagnes, Herminie jouissait du plaisir qu'elle leur donnait, et qu'elle leur voyait prendre... mais ce rare et généreux sentiment ne suffisait peut-être pas à expliquer l'épanouissement de vie, de bonheur et de jeunesse qui donnait alors aux traits enchanteurs de la *duchesse* une expression inaccoutumée ; on sentait, si cela se peut dire, que cette délicieuse créature savait depuis quelque temps tout ce qu'il y avait en elle de charmant... de délicat et d'élevé... Et qu'elle en était, non pas fière... mais heureuse... oh ! heureuse... comme ces généreux riches, ravis de posséder des trésors... pour pouvoir donner beaucoup et se faire adorer !...

Quoique *la duchesse* fût toute à sa *polka* et à ses danseurs, plusieurs fois elle tourna presque involontairement la tête en entendant ouvrir la porte.... de l'antichambre qui donnait dans la salle de bal ; puis, à la vue des personnes qui chaque fois entrèrent, la jeune fille parut, tardivement peut-être, se reprocher sa distraction.

La porte venait de s'ouvrir de nouveau, et de nouveau Herminie avait jeté de ce côté... un coup d'œil curieux..., peut-être même impatient.

Le nouveau venu était Olivier, le neveu du commandant Bernard...

Voyant le jeune soldat laisser la porte ouverte, comme s'il était suivi de quelqu'un, Herminie rougit légèrement, et hasarda un nouveau coup d'œil ; mais, hélas ! à cette porte qui se referma bientôt derrière lui, apparut un bon gros garçon de dix-huit ans, d'une figure honnête et naïve, et ganté de *vert pomme*....

Nous ne saurions dire pourquoi, à l'aspect de ce jouvenceau (peut-être elle détestait les gants *vert pomme*), Herminie parut désappointée... désappointement qui se trahit par une petite moue charmante et par un redoublement de vivacité dans la mesure que battait impatiemment son petit pied.

La polka terminée, Herminie, qui tenait le piano depuis le commencement de la soirée, fut entourée, remerciée, félicitée, et surtout invitée pour une foule de contredanses; mais elle jeta le désespoir dans l'âme des solliciteurs, en se prétendant *boiteuse*... pour toute la soirée.

Et il fallut voir... la démarche qu'Herminie se donna pour justifier son affreux mensonge (prémédité du moment où elle avait vu Olivier arriver seul)... Non! jamais colombe blessée n'a tiré son petit pied rose d'un air plus naturellement souffrant.

Désolés de cet accident qui les privait du plaisir envié de danser avec *la duchesse*, les solliciteurs, espérant une compensation, offrirent leurs bras à l'intéressante boiteuse; mais elle eut la cruauté de préférer l'appui de la fille aînée de madame Herbaut, et se rendit avec elle dans la chambre à coucher, pour se reposer et prendre un peu le frais, disait-elle, les fenêtres de cet appartement s'ouvrant sur le jardinet du commandant Bernard.

A peine Herminie avait-elle quitté la salle de bal, donnant le bras à Hortense Herbaut, que mademoiselle de Beaumesnil arriva, accompagnée de madame Lainé.

La plus riche héritière de France portait une robe de mousseline blanche, bien simple, avec une petite écharpe de soie bleu de ciel ; ses cheveux, en bandeaux, encadraient sa figure douce et triste.

L'entrée de mademoiselle de Beaumesnil resta complètement inaperçue, quoiqu'elle eût lieu pendant l'intervalle qui séparait deux contredanses.

Ernestine n'était pas jolie ; elle n'était pas laide non plus ; aussi ne lui accorda-t-on pas la moindre attention.

Venue pour observer et se rendre compte

de l'épreuve qu'elle voulait subir... la jeune fille compara cet accueil au tumultueux empressement... dont elle s'était déjà quelquefois vue entourée à son apparition dans plusieurs assemblées...

Malgré son courage... la pauvre enfant sentit son cœur se serrer... les paroles de M. de Maillefort commençaient à être justifiées par l'évènement...

— Dans le monde où j'allais, on savait *mon nom* — se dit Ernestine, — et c'était seulement l'*héritière*, que l'on regardait, que l'on entourait,.. autour de laquelle on s'empressait !

. . . .

Madame Lainé conduisait Ernestine auprès de madame Herbaut, lorsque sa fille aînée, qui avait accompagné Herminie dans la chambre à coucher, lui dit, après avoir regardé dans le salon :

— Ma petite *duchesse*, il faut que je te quitte... je viens de voir entrer une dame de nos amies, qui a écrit ce matin à maman, pour lui demander de lui présenter ce soir une jeune personne, sa parente... Elles viennent d'arriver... et tu conçois...

— C'est tout simple, va vite, ma chère Hortense... il faut bien que tu fasses les honneurs de chez toi... — répondit Herminie, peut-être satisfaite de pouvoir rester seule... en ce moment.

Mademoiselle Herbaut alla rejoindre sa

mère, qui accueillait avec une simplicité cordiale, Ernestine présentée par madame Lainé.

— Je vais vous mettre bien vite au fait de nos habitudes, ma chère demoiselle, — disait madame Herbaut à Ernestine, — les jeunes filles avec les jeunes gens dans la salle où l'on danse... les mamans avec les mamans dans le salon où l'on joue... chacun ainsi s'amuse selon son âge et son goût.

Puis, s'adressant à sa fille aînée :

— Hortense, conduis mademoiselle dans la salle à manger, et vous, ma chère amie, — reprit madame Herbaut, en se tournant vers la gouvernante, — venez vous mettre à cette table de nain-jaune ; je connais votre goût.

Madame Lainé hésitait à se séparer de mademoiselle de Beaumesnil mais, obéissant à un regard de celle-ci, elle la laissa aux soins de mademoiselle Herbaut, et alla s'établir à une des deux tables de jeu.

Cette présentation s'était passée, nous l'avons dit, dans l'intervalle d'une polka à une contredanse, *la duchesse* avait été remplacée au piano par un jeune peintre, très bon musicien, qui, préludant bientôt, convia par ces accords les danseurs à se mettre en place.

Mesdemoiselles Herbaut, en leur qualité de *filles de la maison,* et fort aimables, fort jolies d'ailleurs, ne pouvaient manquer une contredanse ; bientôt Olivier, portant avec grâce son élégant uniforme, qui eût suffi pour le faire distinguer des autres hommes, lors même que le jeune sous-officier n'eût été très remarquable par les agréments de son extérieur, Olivier vint dire à mademoiselle Hortense, qui entrait dans la salle à manger avec Ernestine :

— Mademoiselle Hortense... vous n'avez pas oublié que cette contredanse m'appartient? et nous devons, je crois, prendre nos places.

— Je suis à vous dans l'instant, monsieur Olivier, — répondit mademoiselle Hortense, qui conduisit mademoiselle de Beaumesnil auprès d'une banquette où étaient assises plusieurs autres jeunes filles.

— Je vous demande pardon de vous quitter si tôt, mademoiselle — dit-elle à Ernestine, — mais je suis engagée pour cette contredanse... veuillez prendre place sur cette banquette, et vous ne manquerez pas, j'en suis sûre, de danseurs.

— Je vous en prie, mademoiselle, — répondit Ernestine, — ne vous occupez pas de moi.

Les accords du piano devinrent de plus en plus pressants, Hortense Herbaut alla rejoindre son danseur, et mademoiselle de Beaumesnil prit place sur la banquette.

De ce moment commençait, à bien dire, l'épreuve que venait courageusement tenter Ernestine ; près d'elle étaient assises cinq ou six jeunes filles, il faut le dire, les moins jolies ou les moins agréables de la réunion, et qui, n'ayant pas été engagées d'avance avec empressement, comme les *reines du bal*, attendaient modestement, ainsi que mademoiselle de Beaumesnil, une invitation au moment de la contredanse...

Soit que les compagnes d'Ernestine fussent plus jolies qu'elle, soit que leur extérieur parût plus attrayant, elle les vit toutes engagées les unes après les autres, sans que personne songeât à elle...

Une jeune fille, assez laide, il est vrai... partageait le délaissement de mademoiselle de Beaumesnil.... lorsque ces mots retentirent :

— Il manque un *vis-à-vis*... il faut tout de suite un *vis-à-vis*.

Le danseur dévoué qui voulut bien se charger de remplir cette lacune chorégraphique était le jouvencel aux gants vert-pomme. Ce bon gros garçon de façons vulgaires, voyant de loin deux jeunes filles *disponibles*, accourut pour inviter l'une d'elles ; mais, au lieu de faire son choix sans hésiter, afin d'épargner au moins à celle qui ne lui agréait pas, la petite humiliation d'être délaissée *après examen*, ce Pâris ingénu, dont l'irrésolution ne dura guère, il est vrai, que quelques secondes, se décida pour la voisine de mademoiselle de Beaumesnil.... victoire que l'objet de la préférence des gants vert-pomme dut sans doute aux éclatantes couleurs et aux luxuriants appas qui la distinguaient.

Si puérile qu'elle semble peut-être, il serait difficile de rendre l'angoisse étrange, amère, qui brisa le cœur de mademoiselle de Beaumesnil, pendant les rapides péripéties de cet incident.

En voyant les autres jeunes filles invitées tour à tour sans que personne fît attention à elle, Ernestine, revenant déjà à sa modestie naturelle, s'était expliqué ces préférences. Cependant, à mesure que le nombre des délaissées diminuait autour d'elle... son anxiété... sa tristesse... augmentaient. Mais lorsque, resté seul avec cette jeune fille... laide, dont la laideur n'était pas même com-

pensée par quelque élégance de manières...
mademoiselle de Beaumesnil se vit pour
ainsi dire dédaignée après avoir été compa-
rée... à sa compagne...; elle ressentit un coup
douloureux.

« Hélas ! — se disait la pauvre enfant
« avec une indéfinissable tristesse, — puis-
« que je n'ai pu supporter la comparaison
« avec aucune des jeunes filles qui se trou-
« vaient à côté de moi... et même avec la
« dernière que l'on a invitée... je ne dois
« donc jamais plaire à personne ?... Si l'on
« veut me persuader le contraire... l'on
« obéira, je n'en puis plus douter mainte-
« nant, à une arrière-pensée basse, cupide...
« Au moins toutes ces jeunes filles que l'on
« m'a préférées, sont bien assurées que cette

« préférence est sincère..., aucun doute
« cruel ne flétrit leur innocent triomphe...
« Ah! jamais je ne connaîtrai même cet hum-
« ble bonheur! »

A ces pensées, l'émotion de mademoiselle de Beaumesnil fut si poignante, qu'il lui fallut un violent effort pour contenir ses larmes...

Mais si ses pleurs ne coulèrent pas... son pâle et doux visage trahit un sentiment si pénible, que deux personnes... deux cœurs généreux en furent frappés tour à tour...

Pendant que mademoiselle de Beaumesnil s'était livrée à ces réflexions cruelles, la contredanse avait suivi son cours; Olivier dansait avec mademoiselle Hortense Herbaut; et le jeune couple se trouvait placé en face d'Ernestine.

Lors d'un repos, Olivier, jetant par hasard les yeux sur les banquettes désertes, remarqua d'autant plus l'humiliant délaissement de mademoiselle de Beaumesnil, qui seule ne dansait pas, puis l'expression navrante de sa physionomie... Olivier en fut sincèrement touché, et dit tout bas à mademoiselle Herbaut :

— Mademoiselle Hortense, quelle est donc cette jeune fille qui est là-bas toute seule, sur cette longue banquette et qui a l'air si triste?... je ne l'ai pas encore vue ici... ce me semble?

— Mon Dieu non, Monsieur Oliver, c'est

une jeune personne qu'une des amies de maman lui a présentée aujourd'hui.

— C'est donc cela... Elle n'est pas jolie... elle ne connaît personne ici... on ne l'a pas engagée... Pauvre petite... comme elle doit s'ennuyer !

— Si je n'avais pas été invitée par vous, monsieur Olivier, et si ma sœur n'avait pas comme moi promis d'autres contredanses, je serais restée auprès de cette jeune personne... mais...

— C'est tout simple, mademoiselle Hortense, vous avez à accomplir vos devoirs de maîtresse de maison... mais moi... bien certainement, j'engagerai cette pauvre petite fille pour la première contredanse... Cela fait peine de la voir ainsi délaissée.

— Ah ! merci pour maman et pour nous, monsieur Olivier, ce sera une vraie bonne œuvre, — dit Hortense, — une véritable charité...

Peu de temps après qu'Olivier eut remarqué l'isolement de mademoiselle de Beaumesnil, Herminie, qui était restée seule et rêveuse dans la chambre à coucher, rentra au salon. Elle causait avec madame Herbaut, appuyée sur le dossier de son fauteuil, lorsque, s'interrompant, elle lui dit en regardant par la porte de la salle à manger, dont les vantaux étaient ouverts :

— Mon Dieu, madame, que cette jeune

fille, qui est là-bas toute seule, sur cette grande banquette, paraît donc triste !...

Madame Herbaut leva les yeux de dessus ses cartes, et, après avoir regardé du côté que lui indiquait Herminie, elle lui répondit :

— C'est une jeune personne qu'une de mes amies qui est là au nain-jaune m'a présentée ce soir. Dam !... ma chère Herminie... que voulez-vous ? cette nouvelle venue ne connaît personne ici... et, entre nous, elle n'est guère jolie ; ce n'est pas étonnant qu'elle ne trouve pas de danseur.

— Mais cette pauvre enfant ne peut pourtant pas rester ainsi abandonnée, toute la soirée... — dit Herminie, — et comme, par bonheur je suis boiteuse... je vais m'occuper de *l'étrangère*, et tâcher de lui faire paraître le temps moins long...

— Il n'y a que vous, belle et généreuse *duchesse* que vous êtes, répondit en riant madame Herbaut, — pour penser à tout et avoir une si bonne idée... Je vous en remercie, car Hortense et Claire sont obligées de danser toutes les contredanses, et il est probable que cette jeune personne les manquera toutes...

— Oh! quant à cela, Madame... ne le craignez pas, dit Herminie, — je saurai épargner ce désagrément à cette jeune fille...

— Comment ferez-vous, belle *duchesse?*

— Oh ! c'est mon secret, madame, répondit Herminie.

Et elle se dirigea, toujours boitant... la menteuse... vers la banquette où était seule assise mademoiselle de Beaumesnil.

II

Mademoiselle de Beaumesnil, en voyant s'avancer Herminie, fut si frappée de sa beauté surprenante, qu'elle ne remarqua pas l'affectation de *boiterie* que s'était imposée la *duchesse* afin de ne pas danser de toute la soirée... (Si l'on ne l'a pas deviné, l'on saura plus tard le motif de ce *renoncement* à la danse, si rare chez une jeune fille.)

Quelle fut donc la surprise d'Ernestine lorsque la *duchesse*, s'asseyant à ses côtés, lui dit de la manière du monde la plus aimable :

— Je suis autorisée par madame Herbaut, mademoiselle, à venir... si vous le permettez, vous tenir un peu compagnie..... et à remplacer auprès de vous mesdemoiselles Herbaut...

— Allons... on a du moins pitié de moi, se dit d'abord mademoiselle de Beaumesnil avec une humiliation douloureuse.

Mais l'accent d'Herminie était si doux, si engageant, sa charmante physionomie si bienveillante, qu'Ernestine, se reprochant bientôt l'amertume de sa première impression, répondit à *la duchesse* :

— Je vous remercie, mademoiselle... ainsi que madame Herbaut... d'avoir bien voulu vous occuper de moi, mais je craindrais de vous retenir, et de vous priver du plaisir de...

— De danser? — dit Herminie en souriant et en interrompant Ernestine. — Je puis vous rassurer, Mademoiselle... j'ai ce soir un affreux mal au pied... qui m'empêchera de figurer dans le bal ; mais vous voyez qu'à ce grand malheur je trouve auprès de vous une compensation.

— En vérité, Mademoiselle... je suis confuse de vos bontés...

— Mon Dieu, je fais tout simplement ce que vous auriez fait pour moi, j'en suis sûre... Mademoiselle, si vous m'aviez vue isolée, ainsi que cela arrive toujours lorsque l'on vient pour la première fois dans une réunion.

— Je ne crois pas, Mademoiselle, — répondit mademoiselle de Beaumesnil en souriant, et mise à l'aise par les gracieuses avances d'Herminie, — je ne crois pas que même... la première fois où vous paraissez quelque part, vous restiez jamais isolée...

— Ah ! Mademoiselle... Mademoiselle, — répondit gaîment Herminie, — c'est vous qui allez me rendre confuse si vous me faites ainsi des compliments.

— Oh ! je vous assure... que je vous dis ce que je pense, Mademoiselle, — répondit si naïvement Ernestine, que *la duchesse*, sensible à cette louange ingénue, reprit :

— Alors, je vous remercie de ce qu'il y a d'aimable dans vos paroles,.. Elles sont sincères, je n'en doute pas ; pour justes, c'est autre chose ; mais, dites-moi, comment trouvez-vous notre petit bal ?

— Charmant, Mademoiselle...

— N'est-ce pas ? c'est si gai, si animé !... Comme on emploie bien le temps ! Que voulez-vous ? il n'y a qu'un dimanche par semaine... aussi, pour nous tous qui sommes ici..., le plaisir est vraiment un plaisir ; tandis que, pour tant de gens... dit-on... c'est une occupation... et des plus fatigantes encore... Rassasiés de tout... ils ne savent que s'imaginer pour s'amuser.

— Et croyez-vous qu'ils s'amusent, au moins, Mademoiselle ?

— Non, car il me semble que rien ne doit être plus triste que de chercher si péniblement le plaisir...

— Oh! oui, cela doit être triste... aussi triste... que de chercher une affection vraie lorsqu'on n'est aimé de personne, — dit involontairement Ernestine, cédant à l'empire de ses tristes préoccupations.

Il y eut tant de mélancolie dans l'accent de la jeune fille et dans l'expression de ses traits, en prononçant ces mots, qu'Herminie se sentit émue.

— Pauvre petite, pensa *la duchesse* — sans doute, elle n'est pas aimée de sa famille ; puis l'espèce d'humiliation qu'elle a dû ressentir en se voyant délaissée par tout le monde, doit l'attrister encore... car, je n'y songeais pas, elle est là toute seule, sur cette banquette, exposée, comme en spectacle... aux moqueries peut-être...

Le hasard vint confirmer les craintes d'Herminie.

Les évolutions de la contredanse ayant ramenée devant Ernestine la jeune fille aux vives couleurs et son cavalier aux gants *vert-pomme*, *la duchesse* surprit quelques regards de compassion jetés par la *préférée*... sur la *délaissée*.

Ces regards, mademoiselle de Beaumesnil les surprit aussi... elle se crut pour tout le monde l'objet d'une pitié moqueuse. A cette pensée, elle souffrait visiblement. Que l'on juge de sa reconnaissance pour Herminie, lorsque celle-ci lui dit, en tâchant de sourire, car elle devinait la pénible impression d'Ernestine :

— Mademoiselle... voulez-vous me permettre d'agir avec vous sans façon ?

— Certainement... Mademoiselle.

— Eh bien ! je trouve qu'il fait ici horriblement chaud... Si vous le vouliez, nous irions nous asseoir dans la chambre de madame Herbaut.

— Oh! merci... Mademoiselle, — dit Ernestine, en se levant vivement, et en attachant sur Herminie son regard ingénu, qu'une larme furtive rendit humide.

— Oh! merci! — répéta-t-elle tout bas.

— Comment? merci... — lui dit Herminie avec surprise en lui donnant le bras, — c'est au contraire à moi de vous remercier... puisque pour moi vous consentez à quitter la salle du bal.

— Et moi, je vous remercie, parce que je vous ai comprise, Mademoiselle... — reprit Ernestine en accompagnant *la duchesse* dans la chambre à coucher de madame Herbaut, où les deux jeunes filles ne trouvèrent personne.

— Maintenant que nous voilà seules, — dit Herminie à Ernestine, — expliquez-moi donc pourquoi vous m'avez remerciée... lorsque tout-à-l'heure...

— Mademoiselle, — dit Ernestine en interrompant *la duchesse*, — vous êtes généreuse... vous devez être franche...

— Mademoiselle... c'est ma qualité... ou mon défaut, — répondit Herminie en souriant, — eh bien! voyons, pourquoi cet appel à ma franchise?

— Tout-à-l'heure, lorsque vous m'avez

priée de vous accompagner ici... sous prétexte qu'il faisait trop chaud... dans la salle de bal... vous avez écouté votre bon cœur... vous vous êtes dit : « Cette pauvre jeune fille
« est délaissée... personne ne l'a invitée à
« danser parce qu'elle n'est pas jolie... elle
« reste là... comme un sujet de risée... elle
« souffre de cette humiliation... A cette hu-
« miliation... je vais la soustraire en l'ame-
« nant ici sous quelque prétexte. » Oh! vous vous êtes dit cela, n'est-ce pas ? — ajouta mademoiselle de Beaumesnil en ne cherchant pas à cacher cette fois les larmes d'attendrissement qui lui vinrent aux yeux. —
— Avouez que je vous ai devinée.

— C'est vrai, dit Herminie avec sa loyauté habituelle, — pourquoi n'avouerais-je pas l'intérêt que votre position m'a inspiré, Mademoiselle ?

— Oh ! merci encore, — dit Ernestine en tendant la main à Herminie, — vous ne savez pas combien je suis heureuse de votre sincérité.

— Et vous... Mademoiselle, — reprit Herminie en serrant la main d'Ernestine, — puisque vous voulez que je sois franche, vous ne savez pas combien, tout-à-l'heure, vous m'avez fait de peine.

— Moi ?

— Sans doute... lorsque je vous disais que ce devait être une chose triste que de chercher péniblement le plaisir, vous m'avez répondu avec un accent qui m'a serré le cœur : — oui, c'est aussi triste... que de chercher une véritable affection lorsqu'on n'est aimé de personne.

— Mademoiselle... — reprit Ernestine embarrassée.

— Oh! en disant cela... vous aviez l'air navrée... il ne faut pas le nier... ne vous ai-je pas donné l'exemple de la franchise ?

— C'est vrai... Mademoiselle, en cela je ne vous imitais pas.

— Eh bien! — reprit Herminie en hésitant, — permettez-moi une question... et surtout ne l'attribuez pas à une indiscrète curiosité... vous ne rencontrez peut-être pas...

parmi les vôtres... l'affection que vous pourriez désirer ?

— Je suis orpheline... — répondit mademoiselle de Beaumesnil, d'une voix si touchante, qu'Herminie tressaillit et sentit son émotion augmenter.

— Orpheline !! — reprit-elle, — orpheline ? Hélas... je vous comprends... car moi aussi...

— Vous êtes orpheline !...

— Oui...

— Quel bonheur !... — dit vivement Ernestine.

Mais pensant aussitôt que cette exclamation involontaire devait paraître cruelle ou au moins bien étrange, elle ajouta :

— Pardon... Mademoiselle... pardon..... mais...

— A mon tour, je vous ai devinée, — reprit Herminie, avec une grâce charmante, — *quel bonheur* veut dire : « Elle sait combien le « sort d'une orpheline est triste... et peut-« être elle m'aimera... peut-être, en elle, je « trouverai l'affection que je n'ai pas rencon-« trée ailleurs. » Est-ce vrai ? ajouta Herminie, en tendant, à son tour, la main à Ernestine. — N'est-ce pas que je vous ai devinée ?

— Hélas ! oui, c'est vrai, — répondit Ernestine, cédant de plus en plus à l'attrait singulier que lui inspirait *la duchesse*. — Vous avez été si bonne pour moi, vous semblez si sincère, que j'ambitionnerais votre affection, Mademoiselle... mais ce n'est qu'une ambition... je n'ose pas même dire une espérance... — reprit timidement Ernestine, — car vous me connaissez à peine... Mademoiselle...

— Et moi, me connaissez-vous davantage ?

— Non... mais vous, c'est différent...

— Pourquoi cela ?

— Je suis déjà votre obligée, et je vous demande encore...

— Et qui vous dit que cette affection que vous me demandez, je ne serais pas heureuse de vous l'accorder, en échange de la vôtre ? Vous semblez si à plaindre... si intéressante,

— reprit Herminie, qui, de son côté, ressentait un penchant croissant pour Ernestine.

Mais, devenant tout-à-coup pensive, elle ajouta :

— Savez-vous que cela est bien singulier ?

— Quoi donc... Mademoiselle, — demanda Ernestine, inquiète de la gravité des traits de *la duchesse.*

— Nous nous connaissons depuis une demi-heure à peine, j'ignore jusqu'à votre nom, vous ignorez le mien... et nous voici déjà presque aux confidences.

— Mon Dieu... Mademoiselle... — dit Ernestine d'un air craintif, presque suppliant, comme si elle eût redouté de voir Herminie revenir par réflexion sur l'intérêt qu'elle lui avait jusqu'alors témoigné, — pourquoi vous étonner de voir naître soudain l'affection et la confiance entre le bienfaiteur et l'obligé ? Rien ne rapproche... laissez-moi dire... ne lie plus vite et davantage... que la compassion d'un côté et que la reconnaissance de l'autre.

— J'ai trop besoin d'être de votre avis, — reprit Herminie, moitié souriant, moitié attendrie, — j'ai trop envie de vous croire... pour ne pas accepter toutes vos raisons.....

— Mais ces raisons sont réelles, Mademoiselle, — dit Ernestine, encouragée par ce premier succès, et espérant faire partager sa conviction à Herminie. — Et puis enfin...

voyez-vous, notre position pareille contribue encore à nous rapprocher l'un de l'autre... Être toutes deux orphelines..... c'est presque un lien...

— Oui, — dit *la duchesse*, en serrant les mains d'Ernestine entre les siennes, — c'est un lien...doublement précieux...pour nous... qui n'en avons plus.

— Ainsi... votre affection... — dit Ernestine, en répondant avec bonheur à la cordiale étreinte d'Herminie, — votre affection... vous pourrez un jour me l'accorder?

— Tout-à-l'heure, — dit *la duchesse*, — sans vous connaître, j'ai été touchée de ce que votre position avait de pénible... Maintenant, il me semble que je vous aime..... parce que l'on voit que vous avez un bon cœur...

— Oh! vous ne pouvez savoir tout le bien que me font vos paroles, — dit mademoiselle de Beaumesnil, — je ne serai pas ingrate, je vous le jure... Mademoiselle...

Mais se reprenant, elle ajouta :

— *Mademoiselle?*... non, il me semble que maintenant il me serait difficile de vous appeler ainsi...

— Et il me serait tout aussi difficile de vous répondre sur ce ton cérémonieux, — dit *la duchesse*, — appelez-moi donc Herminie..... à condition que je vous appellerai ?...

— Ernestine...

— Ernestine... — dit vivement Herminie

en se souvenant que c'était le nom de sa sœur, nom que la comtesse de Beaumesnil avait plusieurs fois prononcé devant la jeune artiste, en lui parlant de cette fille si chérie.

— Vous vous nommez Ernestine? — reprit Herminie. — Vous parliez tout-à-l'heure de liens... en voici un de plus.

— Comment cela?

— Une personne qui m'inspirait le plus respectueux attachement... avait une fille... qui se nommait aussi Ernestine...

— Vous le voyez, Herminie, — dit mademoiselle de Beaumesnil, — combien il y a de raisons pour que nous nous aimions... et, puisque nous voici amies, je vais vous accabler de questions plus indiscrètes les unes que les autres.

— Et moi donc?... — dit Herminie en souriant.

— D'abord... qu'est-ce vous faites? quelle est votre profession, Herminie?

— Je suis maîtresse de chant et de piano...

— Oh ! que vos écolières doivent être heureuses... que vous devez être bonne pour elles !...

— Pas du tout, Mademoiselle..... je suis très sévère... — reprit gaiement *la duchesse.*
— Et vous, Ernestine, que faites-vous?

— Moi... — reprit mademoiselle de Beaumesnil assez embarrassée, — moi, je brode... et je fais de la tapisserie...

— Et avez-vous au moins suffisamment d'ouvrage, chère enfant? — lui demanda Herminie avec une sollicitude presque maternelle. — Cette époque de l'année..... est la morte saison pour les travaux de ce genre.

— Je suis arrivée depuis très peu de temps de... de province pour rejoindre ici...... ma parente.

Répondit la pauvre Esnestine de plus en plus embarrassée, mais puisant une certaine assurance dans la difficulté même de sa position.

— Aussi, vous concevez, Herminie, —

ajouta-t-elle — que je n'ai pu encore manquer d'ouvrage...

— En tout cas, si vous en manquiez, je pourrais, je l'espère, vous en procurer, ma chère Ernestine.

— Vous ?... et comment cela ?

— J'ai aussi brodé... pour des marchands, parce que... enfin... on peut se dire cela entre amies et entre pauvres gens... Quelquefois mes leçons me manquaient, et la broderie était ma ressource. Aussi, comme on a été très content de mon ouvrage... dans la maison dont je vous parle, maison de broderie très importante, d'ailleurs, j'y ai conservé de bonnes relations ; je suis donc certaine que, recommandée par moi, si peu de travail qu'il y ait à donner... vous l'aurez...

— Mais... puisque vous brodez aussi... vous... Herminie... c'est vous priver d'une ressource en ma faveur... et si vos leçons venaient encore à vous manquer, dit Ernestine, délicieusement touchée de l'offre généreuse d'Herminie, — comment feriez-vous ?

— Oh !.. je n'ai pas que cette ressource là, — reprit l'orgueilleuse fille, — je grave aussi de la musique... Mais l'important est que vous ayez de l'ouvrage assuré, voyez-vous, Ernestine... Car, hélas... vous le savez peut-être aussi..., pour nous autres comme pour tous ceux qui vivent de leur travail... il ne suffit pas d'avoir bon courage, il faut encore trouver de l'occupation.

— Sans doute... car alors... c'est bien pénible... Et comment faire?...

Dit tristement Ernestine, en songeant pour la première fois au sort fatal de tant de pauvres jeunes filles, et se disant avec tristesse que sa nouvelle amie devait avoir connu la triste position dont elle lui parlait.

— Oui... c'est pénible, — répondit mélancoliquement Herminie, — se voir à bout de ressources, quelque bon vouloir, quelque courage que l'on ait!... et c'est pour cela que je ferai mon possible pour que vous ignoriez ce chagrin-là, ma pauvre Ernestine... Mais dites-moi, où demeurez-vous? j'irai vous voir... en allant donner mes leçons... si ce n'est pas trop... trop loin des quartiers où je suis appelée, car malheureusement il faut que je sois très avare de mon temps.

L'embarras de mademoiselle de Beaumesnil arrivait à son comble, embarras encore augmenté par la pénible nécessité d'être obligée de mentir; pourtant elle reprit en hésitant :

— Ma chère Herminie, je serais bien contente de vous voir chez nous... mais... ma parente...

— Pauvre enfant !... je comprends, — dit vivement Herminie, en venant, sans le savoir, au secours d'Ernestine, — vous n'êtes pas chez vous? Votre parente... vous le fait durement sentir... peut-être?

— C'est cela, — dit mademoiselle de Beaumesnil, ravie de cette excuse, — ma parente n'est pas précisément méchante, mais elle est bourrue... — ajouta-t-elle en souriant, — et puis grognon... oh!... mais si grognon... pour tout le monde... que... je craindrais...

— Cela me suffit, — reprit Herminie en riant à son tour, si elle est *grognon*... tout est dit... elle n'aura jamais ma visite... Mais alors, Ernestine, il faudra venir me voir quelquefois... quand vous aurez un instant...

— J'allais vous le demander, Herminie... je me fais une joie... une fête de cette visite!...

— Vous verrez... ma petite chambre,

comme elle est gentille et coquette, — dit *la duchesse* ; mais, réfléchissant que peut-être sa nouvelle amie n'était pas si bien logée qu'elle, Herminie se reprit et ajouta :

— Quand je dis que ma chambre est gentille... c'est une façon de parler... elle est toute simple...

Ernestine avait déjà, pour ainsi dire, *la clé* du cœur et du caractère d'Herminie, aussi, lui dit-elle en souriant :

— Herminie... soyez franche.

— A propos de quoi, Ernestine ?

— Votre chambre est charmante... et vous vous êtes reprise... de crainte de me faire de la peine en pensant que chez ma *grognon* de parente je n'avais pas sans doute une chambre aussi jolie que la vôtre?

— Mais savez-vous, Ernestine, que vous seriez très dangereuse, si l'on avait un secret, — répondit *la duchesse* en riant : — vous devinez tout.

— J'en étais sûre... votre chambre est charmante ; quel bonheur d'aller la voir !....

— Il ne s'agit pas de dire : quel bonheur d'aller la voir !... il faut dire : Herminie, tel jour...je viendrai prendre une tasse de lait le matin avec vous.

— Oh ! je le dis... de grand cœur !

— Et moi j'accepte aussi de grand cœur ; seulement... lorsque vous viendrez, Ernestine, que ce soit à neuf heures, car à dix je commence ma tournée de leçons. Voyons... quel jour viendrez-vous?

Mademoiselle de Beaumesnil fut tirée du nouvel embarras où elle se trouvait par la *Providence*, qui se manifesta sous l'aspect d'un charmant sous-officier de hussard, qui n'était autre qu'Olivier.

Fidèle à la compatissante promesse qu'il avait faite à mademoiselle Herbaut, le digne garçon venait, par charité, inviter Ernestine pour la prochaine contredanse.

Olivier, après avoir salué Herminie d'un air à la fois respectueux et cordial, s'inclina devant mademoiselle de Beaumesnil avec une politesse parfaite, et lui posa cette question sacramentelle :

— Mademoiselle veut-elle me faire l'honneur de danser la première contredanse avec moi ?

III

Mademoiselle de Beaumesnil fut doublement surprise de l'invitation que lui adressait Olivier, car cette invitation devait être pour ainsi dire *préméditée*, puisqu'Ernestine ne se trouvait pas alors dans la salle de bal ; aussi très étonnée, la jeune fille hésitait à répondre, lorsqu'Herminie dit gaiement au jeune soldat :

— J'accepte votre invitation au nom de Mademoiselle, monsieur Olivier... car elle est capable de vouloir vous priver du plaisir de danser avec elle... afin de me tenir compagnie... pendant toute la soirée.

— Puisque Mademoiselle a accepté pour moi, Monsieur, — reprit Ernestine en souriant, — je ne puis que suivre son exemple.

Olivier s'inclina de nouveau, et s'adressant à Herminie :

— Je suis arrivé malheureusement bien tard, mademoiselle Herminie... d'abord parce que vous ne touchez plus du piano, et puis parce que j'ai appris que vous ne dansez pas.

— En effet... monsieur Olivier, vous êtes arrivé tard... car il m'a semblé vous voir entrer à la fin de la dernière *polka* que j'ai jouée...

— Hélas !... Mademoiselle, vous voyez en moi une victime de ma patience et de l'inexactitude d'autrui... J'attendais un de *mes amis*... qui devait venir avec moi...

Et Olivier regarda Herminie, qui rougit légèrement, et baissa les yeux.

— Mais cet *ami* n'est pas venu...

— Peut-être est-il malade, monsieur Olivier, — demanda *la duchesse* avec une affectation de parfaite indifférence, quoiqu'elle se sentît assez inquiète.

— Non... Mademoiselle... il se porte à merveille... je l'ai vu tantôt ; je crois que c'est sa mère qui l'aura retenu... car ce brave garçon n'a aucune force contre la volonté de sa mère.

Ces paroles d'Olivier parurent dissiper le léger nuage qui, de temps à autre, avait, pendant cette soirée, assombri le front de *la duchesse*; elle reprit donc gaîment :

— Mais alors, monsieur Olivier... vous êtes trop injuste de blâmer *votre ami*..... puisque son absence a une si bonne excuse.

— Je ne le blâme pas du tout... mademoiselle Herminie, je le plains de n'être pas venu, car..... le bal est charmant, et je me plains d'être arrivé si tard ; j'aurais eu plus tôt le plaisir de danser avec Mademoiselle,— ajouta obligeamment Olivier en s'adressant à mademoiselle de Beaumesnil, afin de ne pas la laisser en dehors de la conversation.

Soudain ces mots :

— A vos places... à vos places... retentirent dans la salle à manger, en même temps que les accords du piano.

— Mademoiselle... — dit Olivier en offrant son bras à Ernestine, — je suis à vos ordres...

La jeune fille se leva.

Elle allait suivre Olivier, lorsque Herminie, la prenant par la main, lui dit tout bas :

— Un instant.... Ernestine.... laissez-moi arranger votre écharpe... il y manque une épingle.

Et *la duchesse*, avec une sollicitude charmante, effaça un pli disgracieux de l'écharpe, la fixa au moyen d'une épingle qu'elle prit à sa ceinture, détira un froncement du corsage de la robe d'Ernestine, rendant enfin à sa nouvelle amie, tous ces petits soins coquets que deux bonnes sœurs échangent entre elles.

— Maintenant, Mademoiselle, — reprit Herminie avec une gravité plaisante, après avoir jeté un dernier coup-d'œil sur la toilette d'Ernestine, — je vous permets d'aller danser..... mais..... surtout..... amusez-vous bien !...

Mademoiselle de Beaumesnil fut si touchée de la gracieuse attention d'Herminie, qu'avant d'accepter le bras d'Olivier, elle trouva moyen d'effleurer d'un baiser la joue de *la duchesse* en lui disant tout bas :

— Merci... encore... merci toujours.

Et, heureuse... pour la première fois depuis la mort de sa mère, Ernestine quitta Herminie, prit le bras d'Olivier, et le suivit dans la salle de bal.

Le jeune sous-officier, d'une figure remarquablement agréable et distinguée, cordial avec les hommes, prévenant avec les femmes, portant enfin avec une rare élégance son charmant uniforme de hussard, rehaussé d'une croix que l'on savait vaillamment gagnée, le jeune sous-officier, disons-nous, avait le plus grand succès chez madame Herbaut, et Ernestine, naguère si délaissée, fit bien des jalouses lorsqu'elle apparut dans la salle de bal, au bras d'Olivier.

Les femmes les plus ingénues ont, à l'endroit de l'effet qu'elles produisent sur les autres femmes, une pénétration rare ; chez mademoiselle de Beaumesnil, à cette pénétration, se joignait la ferme volonté d'observer avec une extrême attention tous les incidents de cette soirée ; aussi, s'apercevant bientôt de l'envie que lui attirait la préférence qu'Olivier montrait pour elle, la reconnaissance de la jeune fille s'en augmenta. Elle n'en doutait pas, Olivier, par bonté de cœur, avait voulu la venger du pénible... et presque humiliant délaissement dont elle avait souffert.

Ce sentiment de gratitude disposa mademoiselle de Beaumesnil à se montrer envers Olivier un peu moins réservée peut-être qu'il ne convenait dans une position aussi délicate que celle où elle se trouvait. Mise d'ailleurs très en confiance avec le jeune soldat, par cela seulement qu'il paraissait amicalement traité par Herminie, Ernestine se sentit donc très décidée à provoquer toutes les conséquences de l'épreuve qu'elle venait subir.

Olivier, en promettant à mademoiselle Herbaut d'engager mademoiselle de Beaumesnil, avait seulement obéi à un mouvement de son généreux naturel, car, voyant mademoiselle de Beaumesnil de loin, il l'avait trouvée presque laide; il ne la connaissait pas, il ignorait si elle était spirituelle ou sotte : aussi, enchanté de trouver un sujet de conversation dans l'amitié qui semblait lier Herminie et Ernestine, il dit à celle-ci, pendant un de ces repos forcés que laissent les évolutions de la contredanse :

— Mademoiselle... vous connaissez mademoiselle Herminie ! Quelle bonne et charmante personne ! n'est-ce pas ?

— Je pense absolument comme vous, Monsieur, quoique j'ai vu ce soir mademoiselle Herminie pour la première fois.

— Ce soir... seulement ?

— Cette soudaine amitié vous étonne... n'est-ce pas, Monsieur ? Mais que voulez-vous ! quelquefois... les plus riches... sont les plus généreux... ils n'attendent pas qu'on leur demande... ils vous offrent... Il en a été ainsi ce soir d'Herminie à mon égard.

— Je vous comprends... Mademoiselle... vous ne connaissiez personne ici... et mademoiselle Herminie...

— Me voyant seule... a eu la bonté de venir à moi... Cela doit, Monsieur, vous surprendre moins que tout autre...

— Et pourquoi cela, Mademoiselle ?

— Parce que... tout à l'heure, — répondit Ernestine en souriant; — vous avez, Monsieur, cédé, comme Herminie... à un sentiment de charité à mon égard... de charité... *dansante*, bien entendu.

— De charité... Ah ! Mademoiselle, cette expression...

— Est trop vraie ?

— Au contraire.

— Voyons, Monsieur... avouez-le... vous devez, il me semble, toujours dire la vérité.

— Franchement, Mademoiselle, — reprit Olivier en souriant à son tour, — ferais-je acte de *charité*, je suppose... permettez-moi cette comparaison... en cueillant une fleur oubliée, inaperçue ?

— Ou plutôt... délaissée...

— Soit, Mademoiselle...

— A la bonne heure...

— Mais qu'est-ce que cela prouverait ? sinon le mauvais goût de celui qui aurait préféré, par exemple, à une petite violette, un énorme coquelicot.

Et Olivier montra, d'un regard moqueur, la robuste et grosse jeune fille, pour qui Ernestine avait été délaissée, et dont les vives couleurs avaient en effet beaucoup d'analogie avec le pavot sauvage..

Mademoiselle de Beaumesnil ne put s'empêcher de sourire à cette comparaison ; mais elle reprit en secouant la tête :

— Ah ! Monsieur ! si aimable que soit votre réponse, elle me prouve que j'avais doublement raison.

— Comment cela, Mademoiselle ?

— Vous avez eu pitié de moi, et vous en

avez encore assez pitié pour craindre de me l'avouer...

— Au fait, Mademoiselle, vous avez raison de vouloir de la franchise, cela vaut toujours mieux que des compliments.

— Voilà, Monsieur, ce que j'attendais de vous.

— Eh bien ! oui, Mademoiselle, en voyant que, seule... vous n'étiez pas engagée, je n'ai pensé qu'à une chose... à l'ennui que vous deviez éprouver..., et je me suis promis de vous inviter pour la contredanse suivante. J'espère que voilà de la sincérité... mais vous l'avez voulu...

— Certes, Monsieur... et je m'en trouve si bien, que, si j'osais...

— Osez, Mademoiselle... ne vous gênez pas.

— Mais non... si franc que vous soyez, si amie de la vérité... que vous me supposiez, Monsieur, votre sincérité s'arrêterait, j'en suis sûre, à de certaines limites.

— A celles que vous poseriez Mademoiselle, pas à d'autres...

— Bien vrai ?

— Oh ! je vous le promets.

— C'est que la question que je vais vous faire, Monsieur... devra vous paraître... si étrange... si hardie peut-être...

— Alors, Mademoiselle, je vous dirai...

qu'elle me paraît étrange ou hardie... voilà tout.

— Je ne sais si j'oserai... jamais.

— Ah! Mademoiselle, — dit Olivier en riant, — à votre tour, vous avez peur... de la franchise.

— C'est-à-dire que j'ai peur... pour votre sincérité, Monsieur, il faudrait qu'elle fût si grande, si rare...

— Soyez tranquille, Mademoiselle... je réponds de moi...

— Eh bien!... Monsieur... comment me trouvez-vous?

— Mademoiselle... balbutia d'abord Olivier, qui était loin de s'attendre à cette brusque et embarrassante question, — permettez... je...

— Ah! voyez-vous, Monsieur, — reprit gaîment Ernestine, — vous n'osez pas me répondre tout de suite ; mais tenez, pour vous mettre à l'aise... supposez qu'en sortant de ce bal, et rencontrant un de vos amis, vous lui parliez de toutes les jeunes personnes avec qui vous avez dansé... que diriez-vous... de moi à votre ami... si, par hasard, vous vous souveniez que j'ai été l'une de vos danseuses ?

— Oh! mon Dieu! Mademoiselle, — reprit Olivier en se remettant de sa surprise, — je dirais tout uniment ceci à mon ami : « J'ai « vu une jeune demoiselle que personne

« n'invitait... cela m'a intéressé à elle, je l'ai
« engagée... tout en pensant que notre en-
« tretien ne serait peut-être pas fort amu-
« sant, car, ne connaissant pas cette demoi-
« selle, je n'avais à lui dire que des banalités,
« eh bien ! pas du tout : grâce à ma danseuse,
« notre entretien a été très animé; aussi, le
« temps de la contredanse a-t-il passé comme
« un songe. »

— Et cette jeune personne?... — vous demandera peut-être votre ami, Monsieur, — était-elle laide ou jolie ?

— De loin, — répondit intrépidement Olivier, — je n'avais pu bien distinguer ses traits... Mais, en la voyant de près... à mesure que je l'ai regardée plus attentivement, et que je l'ai surtout entendue parler... j'ai trouvé dans sa physionomie quelque chose de si doux, de si bon... une expression de franchise si avenante, que je ne pensais plus qu'elle aurait pu être jolie. Mais, — reprit Olivier, — j'ajouterai (toujours parlant à mon ami) ne répétez pas ces confidences... car il n'y a que les femmes de bon esprit et de bon cœur qui demandent et pardonnent la sincérité... C'est donc à un ami discret que je parle... Mademoiselle...

— Et moi, Monsieur, je vous remercie ; je vous suis reconnaissante, oh ! profondément reconnaissante de votre franchise, — dit mademoiselle de Beaumesnil d'une voix si émue, si pénétrante, qu'Olivier, surpris et ému lui-même, regarda la jeune fille avec un vif intérêt.

A ce moment, la contredanse finissait.

Olivier reconduisit Ernestine auprès d'Herminie qui l'attendait ; puis, très frappé du singulier caractère de la jeune fille qu'il venait de faire danser, le jeune sous-officier se retira à l'écart quelque peu rêveur.

—Eh bien ! — dit affectueusement Herminie à Ernestine, — vous vous êtes amusée, n'est-ce pas ? je le voyais à votre figure... vous avez causé tout le temps que vous ne dansiez pas...

— C'est que M. Olivier est très aimable... et puis, sachant que vous le connaissiez, Herminie, cela m'a mis tout de suite en confiance avec lui...

—Et il le mérite, je vous assure, Ernestine ; il est impossible d'avoir un plus excellent cœur, un caractère plus noble ; son *ami intime* (et *la duchesse* rougit imperceptiblement) me disait que M. Olivier s'occupe des travaux les plus ennuyeux du monde... afin d'utiliser son congé et de venir en aide à son oncle, ancien officier de marine, criblé de blessures, qui demeure dans la maison et qui n'a pour vivre qu'une petite retraite insuffisante.

— Cela ne m'étonne pas du tout, Herminie ; j'avais deviné que M. Olivier avait bon cœur.

— Avec cela, brave comme un lion, car *son ami,* qui servait avec lui dans le même régiment, m'a cité plusieurs traits d'admirable bravoure de M. Olivier.

— Il me semble que cela doit être : je me suis toujours figuré que les personnes très braves devaient être très bonnes, — répondit Ernestine. — Vous, par exemple, Herminie... vous devez être très courageuse...

L'entretien des jeunes filles fut interrompu de nouveau par un danseur qui vint inviter Ernestine... en échangeant un regard avec Herminie.

Ce regard, mademoiselle de Beaumesnil le surprit et il la fit rougir et sourire ; elle accepta néanmoins l'engagement pour la contredanse qui allait commencer dans quelques instants.

Le danseur éloigné, Ernestine dit gaîment à sa nouvelle amie :

— Vous m'avez mise en goût d'être *dangereuse*, et je le deviens... prodigieusement, ma chère Herminie.

— Et à propos de quoi me dites-vous cela, Ernestine ?

— Cette invitation que l'on vient de me faire...

— Eh bien ?...

— C'est encore vous...

— Encore moi ?

— Vous vous êtes dit : il faut au moins que cette pauvre Ernestine danse deux fois.... dans la soirée... tout le monde n'a pas le *bon cœur* de M. Olivier... or, je suis reine, ici, et j'ordonnerai à l'un de mes sujets...

Mais le sujet de la reine Herminie vint dire à mademoiselle de Beaumesnil :

— Mademoiselle... on est en place.

— A tout-à-l'heure, Mademoiselle la devineresse, — dit Herminie à mademoiselle de Beaumesnil en la menaçant affectueusement du doigt, — je vous apprendrai à être si fière de votre pénétration...

A peine la jeune fille venait-elle de s'éloigner avec son danseur, qu'Olivier, s'approchant de *la duchesse*, s'assit auprès d'elle et lui dit :

— Mais quelle est donc cette jeune fille avec qui je viens de danser?

— Une orpheline... qui vit de son état de

brodeuse, monsieur Olivier, et qui, je le pense, n'est pas très heureuse... car vous ne pouvez vous imaginer avec quelle expression touchante elle m'a remerciée de m'être occupée d'elle ce soir ; c'est cela qui nous a soudain rapprochées l'une de l'autre... car je ne la connais que d'aujourd'hui.

— C'est ce qu'elle m'a dit en parlant naïvement de ce qu'elle appelle votre *pitié* et la mienne.

— Pauvre petite... il faut qu'elle ait été bien maltraitée... qu'elle le soit peut-être encore, pour se montrer si reconnaissante de la moindre preuve d'intérêt qu'on lui donne.

— Elle est avec cela fort originale. Vous ne savez pas, mademoiselle Herminie, la singulière question qu'elle m'a faite en invoquant ma franchise ?

— Non.

— Elle m'a demandé si je la trouvais laide ou jolie...

— Quelle singulière petite fille !... Et vous lui avez répondu ?...

— La vérité... puisqu'elle la demandait.

— Comment, monsieur Olivier, vous lui avez dit qu'elle n'était pas jolie ?

— Certainement, mais en ajoutant (et c'était aussi la vérité), qu'elle avait l'air si doux, si franc... qu'on oubliait qu'elle aurait pu être belle.

— Ah! mon Dieu!... monsieur Olivier... — dit Herminie presque avec crainte; — c'était dur à entendre... pour elle... Et elle n'a pas semblé blessée?

— Pas le moins du monde, au contraire... et c'est cela surtout qui m'a beaucoup frappé. Lorsqu'on pose des questions de cette nature, *soyez franc* veut ordinairement dire : *mentez.* Tandis qu'elle m'a remercié de ma sincérité en deux mots, mais avec un accent si pénétré, si touchant, et surtout si vrai... que, malgré moi, j'en ai été tout ému.

— Savez-vous ce que je crois, monsieur Olivier? C'est que la pauvre créature aura été très durement traitée chez elle; on lui aura peut-être dit cent fois qu'elle était laide comme un petit monstre... et se trouvant, sans doute pour la première fois de sa vie, en confiance avec quelqu'un, elle aura voulu savoir de vous la vérité sur elle-même.

— Vous avez probablement raison, mademoiselle Herminie ; et ce qui m'a touché comme vous, c'est de voir avec quelle reconnaissance cette pauvre jeune fille accueille la moindre preuve d'intérêt, pourvu qu'elle la croie sincère.

— Figurez-vous, monsieur Olivier... que parfois j'ai vu de grosses larmes rouler dans ses yeux...

— En effet, il me semble que sa gaîté... doit cacher un fond de mélancolie habituelle... elle cherche à s'étourdir peut-être...

— Et puis, malheureusement son état,

qui demande beaucoup de travail et de temps, est peu lucratif, pauvre enfant... Si les préoccupations de la pauvreté viennent se joindre à ses autres chagrins...

— Cela n'est que trop possible, mademoiselle Herminie... — dit Olivier avec sollicitude, — elle doit être, en effet, bien à plaindre.

— Mais silence... la voilà! — dit Herminie.

Puis elle ajouta :

— Ah! mon Dieu! elle met son châle; on nous l'emmène...

En effet, Ernestine, derrière qui marchait madame Lainé d'un air imposant, s'avança dans la chambre à coucher, et fit à Herminie un signe de tête qui semblait dire qu'elle partait à regret.

La duchesse alla au-devant de sa nouvelle amie et lui dit :

— Comment ! vous nous quittez déjà ?

— Il le faut bien, — répondit Ernestine, en accusant d'un petit regard sournois l'innocente madame Lainé.

— Mais, au moins, vous viendrez dimanche, ma chère Ernestine ?... Vous savez que nous avons mille choses à nous dire.

— Oh ! j'espère bien venir, ma chère Herminie ; j'ai autant que vous le désir de nous revoir bientôt.

— Et faisant un salut gracieux au jeune sous-officier, Ernestine lui dit :

— Au revoir, monsieur Olivier.

— Au revoir, Mademoiselle, — répondit le jeune soldat en s'inclinant.

— Une heure après, mademoiselle de Beaumesnil et madame Lainé étaient de retour à l'hôtel de la Rochaiguë.

IV

Mademoiselle de Beaumesnil, de retour du bal de madame Herbaut, resta seule et écrivit son journal :

« Dieu soit béni, chère maman... L'ins-
« piration à laquelle j'ai cédé... était bonne.

« Oh ! dans cette soirée quelle cruelle le-
« çon... d'abord, puis, quel profitable en-

« seignement, et enfin quelles douces com-
« pensations !

« Deux personnes de cœur... m'ont té-
« moigné un intérêt... *vrai*...

« Oh ! oui, cette fois bien vrai, bien désin-
« téressé, car ces personnes-là, du moins,
« ignorent que je suis *la plus riche héritière de*
« *France*...

« Elles me croient pauvre... dans un état
« voisin de la misère... et puis surtout
« elles ont été sincères envers moi, je le
« sais... j'en suis certaine... oui, elles ont été
« sincères...

« Jugez de mon bonheur... je puis enfin
« avoir foi en quelqu'un, ma mère, moi qui
« suis arrivée à la défiance de tout et de tous,

« grâce aux adulations des gens qui m'en-
« tourent.

« *Enfin... je crois savoir ce que je vaux, ce que*
« *je parais...*

« Je suis loin d'être jolie, je n'ai rien au
« monde qui puisse me faire remarquer, je
« suis une de ces créatures qui doivent tou-
« jours passer inaperçues à moins que quel-
« ques cœurs compatissants ne soient tou-
« chés de mon air naturellement doux et
« triste...

« Ce que je dois donc réellement inspirer
« (si j'inspire quelque chose) est cette sorte
« de tendre commisération que les âmes
« d'une délicatesse rare ressentent parfois à
« la vue d'un être inoffensif, souffrant de
« quelque peine cachée.

« Si cette commisération me rapproche
« d'une de ces natures d'élite, ce qu'elle
« trouve et aime en moi, c'est une grande
« douceur de caractère, jointe à un besoin
« de réciproque sincérité.

« Voilà ce que je suis, rien de plus, rien de
« moins.

« Et quand je compare ces humbles avan-
« tages, les seuls que je possède, aux per-
« fections inouïes, idéales, que la flatterie
« se plaît à m'accorder si magnifiquement.

« Quand je pense à ces *passions soudaines,
« irrésistibles,* que j'ai inspirées à des gens
« qui ne m'ont jamais parlé.

« Quand je pense enfin à l'*effet* que je pro-

« duisais en entrant quelque part et que je
« me rappelle qu'au bal de ce soir... je n'ai
« été invitée à danser *que par charité,* toutes
« les jeunes filles ayant été engagées de pré-
« férence à moi,.. car j'étais la plus laide de
« cette réunion, oh! ma mère!... moi qui
« n'ai jamais eu de haine pour personne....
« je le sens, je les hais autant que je les mé-
« prise, ces gens qui se sont joués de moi
« par leurs basses flatteries... Je suis tout
« étonnée des mots durs, amers, insolents,
« qui me viennent à l'esprit, et dont j'espère
« un jour accabler ceux qui m'ont voulu
« tromper... lorsqu'une épreuve à laquelle
« je veux les soumettre au grand bal de jeudi,
« chez madame la marquise de Mirecourt,
« m'aura complètement prouvé leur faus-
« seté....

« Hélas ! chère maman, qui m'eût dit, il y
« a quelque temps, que moi, si timide, je
« prendrais un jour de ces résolutions har-
« dies ? Mais la nécessité d'échapper à de
« grands malheurs donne du courage, de la
« volonté aux plus craintifs.

« Puis il me semble que, de moment en
« moment, mon esprit, jusqu'alors fermé à
« tout ce qui était défiance, observation, je
« dirais presque intrigue et ruse... s'ouvre
« davantage à ces pensées, mauvaises sans
« doute, mais que l'abandon où je suis, fait
« excuser peut-être.

« Je te l'ai dit, chère maman, la cruelle
« leçon que j'ai subie, n'a pas été, du moins,
« sans compensation...

« D'abord, j'ai trouvé, j'en suis certaine,

« une amie généreuse et sincère. Me voyant
« délaissée... cette charmante jeune fille a
« eu pitié de mon humiliation... elle est ve-
« nue à moi... elle s'est ingéniée à me con-
« soler... avec autant de bonté que de grâce..
« J'ai ressenti... je ressens pour elle la plus
« tendre reconnaissance...

« Oh! si tu savais, chère maman, ce qu'il
« y a de nouveau, de doux, de délicieux
« pour moi, *la plus riche héritière de France,*
« jusqu'alors assaillie de tant de protesta-
« tions menteuses, à chérir quelqu'un qui
« m'a vue humiliée, qui me croit malheu-
« reuse, et qui, pour cela seul, me témoigne
« le plus touchant intérêt, *qui m'aime enfin*
« *pour moi-même!*

« Que te dirai-je?... être recherchée...

« aimée... à cause des infortunes que l'on
« vous suppose... combien cela est ineffable
« pour le cœur, lorsque jusqu'alors on a été
« recherchée... aimée (en apparence) seule-
« ment à cause des richesses que l'on vous
« sait!!

« La sincère affection que j'ai trouvée
« cette fois, m'est si précieuse, qu'elle me
« donne l'espérance d'un heureux avenir;
« désormais... sûre d'une amie éprouvée,
« que puis-je craindre?... Ah! cette amie,
« je n'aurai pas à trembler de la voir chan-
« ger... lorsqu'un jour je lui avouerai qui je
« suis!!

« Ce que je te dis d'Herminie (elle s'ap-
« pelle ainsi), peut aussi s'appliquer à M. Oli-
« vier, que l'on croirait le frère de cette

« jeune fille par le cœur et par la loyauté ;
« voyant que personne ne m'invitait, c'est
« lui qui m'a engagée *par charité*, et, telle
« est sa franchise, qu'il n'a pas nié cette
« compassion ; bien plus, lorsque j'ai eu la
« hardiesse de lui demander s'il me trouvait
« jolie, il m'a répondu que non ; mais que
« *j'avais une physionomie qui intéressait par son*
« *expression de douceur et de bonté.*

« Ces simples paroles m'ont fait un plai-
« sir inouï... je les sentais vraies... car elles
« se rapportaient à ce que tu me disais,
« bonne mère... lorsque tu me parlais de ma
« figure ; et ces paroles... c'était bien à la
« pauvre petite brodeuse qu'elles s'adres-
« saient, et non pas à la riche héritière.

« M. Olivier est simple soldat, je crois ; il

« a dû cependant recevoir une éducation
« distinguée, car il s'exprime à merveille, et
« ses manières sont parfaites ; de plus, il est
« aussi bon que brave ; il prend un soin filial
« de son vieil oncle, ancien officier de ma-
« rine...

« Oh! ma mère !... quelles vaillantes na-
« tures que celles-là !! comme l'on est à l'aise
« auprès d'elles ; comme, à leur sincérité, le
« cœur s'épanouit ! comme ces relations
« semblent bonnes et saines à l'âme ! quelle
« gaîté douce et sereine dans la pauvreté !...
« quelle résignation dans le travail !... car
« tous les deux sont pauvres, tous deux tra-
« vaillent, Herminie... pour vivre, M. Oli-
« vier pour ajouter à l'insuffisante retraite de
« son vieil oncle.

« Travailler pour vivre !...

« Et encore... Herminie me disait que
« quelquefois... le travail manquait ;... car
« l'excellente sœur... (oh ! je peux l'appeler
« ma sœur), m'a proposé de me recomman-
« der à une maison de broderie, afin, m'a-
« t-elle dit, que j'ignore ce qu'il y a de cruel
« dans le chômage d'occupation.

« Manquer de travail !...

« Mais alors, mon Dieu ! c'est manquer
« de pain !... mais c'est le besoin !... c'est la
« misère !... c'est la maladie !... c'est la
« mort... peut-être !...

« Toutes ces jeunes filles que j'ai vues à
« cette réunion, si riantes, si gaies ce soir, et
« qui vivent, comme Herminie, uniquement

« de leur travail, peuvent donc souffrir de-
« main de toutes les horreurs de la misère,
« si ce travail leur manque?

« Il n'y a donc personne à qui elles puis-
« sent dire :

« *J'ai bon courage, bonne volonté... donnez-*
« *moi seulement de l'occupation.*

« Mais c'est injuste! mais c'est odieux,
« cela! On est donc sans pitié les uns pour
« les autres? Ça est donc égal qu'il y ait tant
« de personnes ignorant aujourd'hui si elles
« auront du pain demain?

« Oh! ma mère! ma mère! maintenant
« je comprends ce vague sentiment de
« crainte, d'inquiétude dont j'ai été saisie

« quand on m'a appris que j'étais si riche...
« j'avais donc raison de me dire avec une
« sorte de remords :

« *Tant d'argent ? à moi seule ? pourquoi cela ?*

« *Pourquoi tant à moi ? rien aux autres ?*

« *Cette fortune immense, comment l'ai-je ga-*
« *gnée ?...*

« *Hélas ! je l'ai gagnée seulement... par ta*
« *mort... ô ma mère... par ta mort... ô mon père.*

« Ainsi, pour que je sois si riche, il faut
« que j'aie perdu les êtres que je chérissais
« le plus au monde.

« Pour que je sois si riche.... peut-être
« faut-il qu'il y ait des milliers de jeunes

« filles comme Herminie, toujours exposées
« à la détresse... joyeuses aujourd'hui... dé-
« sespérées demain...

« Et quand elles ont perdu la seule ri-
« chesse de leur âge, leur insouciance et leur
« gaîté, quand elles sont vieilles... quand ce
« n'est plus seulement le travail... mais les
« forces qui leur manquent, que deviennent-
« elles, ces infortunées ?

« Oh ! ma mère... plus je songe à la dis-
« proportion effrayante entre mon sort et
« celui d'Herminie ou de tant d'autres jeunes
« filles... plus je songe à toutes les ignomi-
« nies qui m'assiégent, à tous les projets
« ténébreux dont je suis le but parce que je
« suis *riche,* il me semble que la richesse
« laisse au cœur une amertume étrange.

« A cette heure où ma raison s'éveille et
« s'éclaire, il faut enfin que j'éprouve la toute-
« puissance de la fortune sur les âmes vé-
« nales, il faut que je voie jusqu'à quel hon-
« teux abaissement je puis, moi jeune fille
« de seize ans, faire courber tout ce qui
« m'entoure... Oui, car mes yeux s'ouvrent
« maintenant... je reconnais avec une grati-
« tude profonde que la révélation de M. de
« Maillefort m'a seule mise sur la voie de ces
« idées que je sens pour ainsi dire éclore en
« moi, de minute en minute.

« Je ne sais... mais il me semble, chère
« maman, que maintenant je t'exprime
« mieux ma pensée, que mon intelligence
« se développe, que mon esprit sort de son
« engourdissement, qu'en certaines parties

« enfin mon caractère se transforme et que
« s'il reste tendrement sympathique à ce qui
« est généreux et sincère, il devient résolu,
« agressif, à l'égard de tout ce qui est faux,
« bas et cupide.

« Je ne me trompe pas... on m'a menti en
« me disant que M. de Maillefort était ton
« ennemi, chère et tendre mère ; on a voulu
« me mettre en défiance contre ses conseils...
« C'est à dessein que l'on a favorisé mon fâ-
« cheux éloignement pour lui, éloignement
« causé par des calomnies dont j'ai été dupe.

« Non ! jamais, jamais je n'oublierai que
« c'est aux révélations de M. de Maillefort
« que j'ai dû l'inspiration d'aller chez mada-
« me Herbaut... dans cette modeste maison

« où j'ai puisé d'utiles enseignements, et où
« j'ai rencontré les deux seuls cœurs géné-
« reux et sincères que j'aie connus... de-
« puis que je vous ai perdus... ô mon père !..
« ô ma mère ! »

. . . .

Le lendemain matin du jour où elle avait assisté au bal de madame Herbaut, mademoiselle de Beaumesnil sonna sa gouvernante un peu plus tôt que d'habitude.

Madame Lainé parut à l'instant, et dit à Ernestine :

— Mademoiselle a passé une bonne nuit ?

— Excellente, ma chère Lainé ; mais, dites-moi, avez-vous fait causer, ainsi que je vous en avais prié hier au soir, les gens de mon tuteur, afin de savoir si l'on avait quelque soupçon sur notre absence ?

— L'on ne se doute absolument de rien, mademoiselle... madame la baronne a seulement envoyé ce matin, de très bonne heure, une de ses femmes pour savoir de vos nouvelles...

— Et vous avez répondu ?

— Que mademoiselle avait passé une meilleure nuit... quoiqu'un peu agitée ; mais que le calme absolu de la soirée d'hier avait fait beaucoup de bien à mademoiselle...

— C'est à merveille. Maintenant, ma chère Lainé... j'ai autre chose à vous demander...

— Je suis aux ordres de mademoiselle... seulement, je suis désolée... de ce qui est arrivé hier soir chez madame Herbaut, dit la gouvernante d'un ton pénétré, — j'étais au supplice pendant toute la soirée...

— Et... que m'est-il donc arrivé chez madame Herbaut?

— Comment! mais l'on a accueilli mademoiselle avec une indifférence... une froideur... Enfin..... c'était une horreur..., car mademoiselle est habituée à voir tout le monde... s'empresser autour d'elle comme cela se doit.

— Ah! cela se doit?

— Dam... mademoiselle sait bien les

égards que l'on doit à sa position... tandis que hier j'en étais mortifiée révoltée... Ah ! pensais-je, à part moi, si l'on savait que cette jeune personne à qui on ne fait pas seulement attention... est mademoiselle de Beaumesnil... il faudrait voir... tout ce monde là se mettre à plat ventre...

— Ma chère Lainé, je veux d'abord vous tranquilliser sur ma soirée d'hier... j'en ai été ravie... et tellement, que je compte aller au bal de dimanche...

— Comment.... mademoiselle.... veut encore....

— C'est décidé... j'irai. Maintenant, autre chose. — L'accueil même que l'on m'a fait chez madame Herbaut, et qui vous scandalise si fort, est une preuve de la discrétion que j'attendais de vous... je vous en remercie... et si vous agissez toujours de la sorte, je vous le répète... votre fortune est assurée.

— Mademoiselle... peut être certaine que ce n'est pas l'intérêt... qui...

— Je sais ce que j'aurai à faire ; mais, ma chère Lainé, ce n'est pas tout; il faut que vous demandiez à madame Herbaut l'adresse d'une des jeunes personnes que j'ai vues hier soir. Elle s'appelle *Herminie*, et donne des leçons de musique.

— Je n'aurai pas besoin de m'adresser à madame Herbaut pour cela, mademoiselle ; le maître d'hôtel de M. le baron sait cette adresse...

— Comment? — dit Ernestine très étonnée, — le maître d'hôtel sait l'adresse de mademoiselle Herminie?

— Oui, mademoiselle; et justement on causait d'elle à l'office il y a quelques jours.

— De mademoiselle Herminie?...

— Certainement, mademoiselle... à cause du billet de cinq cents francs qu'elle a rapporté à madame la baronne. Louis, le valet de chambre, a tout entendu... à travers les portières du salon d'attente.

— Madame de la Rochaiguë connaît Herminie! — s'écria Ernestine, dont la surprise et la curiosité augmentaient à chaque parole de sa gouvernante — Et ce billet de cinq cents francs, qu'est-ce que cela signifie?...

— Cette honnête jeune fille... (j'avais bien dit à mademoiselle que madame Herbaut choisissait parfaitement sa société), cette honnête jeune fille rapportait ces cinq cents francs parce qu'elle avait été, disait-elle, payée par madame la comtesse.

— Quelle comtesse ?

— Mais... la mère de mademoiselle.

— Ma mère... payer Herminie, et pourquoi ?

— Ah ! mon Dieu, c'est juste... mademoiselle ignore sans doute... on n'a pas dit cela à mademoiselle de peur de l'attrister encore

— Quoi... que ne m'a-t-on pas dit ? Au nom du ciel... parlez... parlez donc...

— Que feu madame la comtesse... avait tant souffert dans ses derniers moments, que les médecins... à bout de ressources, avaient imaginé de conseiller à madame la comtesse... d'essayer si la musique ne calmerait pas ses douleurs.

— Oh! mon Dieu... je ne puis croire... achevez... achevez...

— Alors on a cherché une artiste, et c'était... — Herminie!

— Herminie!

— Oui, Mademoiselle... pendant les dix ou douze derniers jours de la maladie de madame la comtesse, mademoiselle Herminie a été faire de la musique chez elle... on dit que cela a beaucoup calmé feue madame la comtesse... mais malheureusement il était trop tard...

Pendant qu'Ernestine essuyait les larmes que lui arrachaient ces tristes détails jusqu'alors inconnus d'elle. Madame Lainé continua :

— Il paraît qu'après la mort de madame la comtesse, madame la baronne, croyant que mademoiselle Herminie n'avait pas été payée, lui envoya cinq cents francs; mais cette brave fille, comme je le disais tout à l'heure à Mademoiselle, a rapporté l'argent, disant qu'on ne lui devait rien...

— Elle a vu ma mère... mourante... elle a calmé ses souffrances, — pensait Ernestine avec une émotion inexprimable. — Ah !

quand pourrai-je lui avouer que je suis la fille de cette femme qu'elle aimait sans doute! car comment connaître ma mère sans l'aimer?

Puis tressaillant soudain à un souvenir récent, la jeune fille se dit encore :

— Mais je me rappelle maintenant... hier... lorsque j'ai dit à Herminie que je m'appelais Ernestine... elle a paru frappée... elle m'a dit tout émue qu'une personne qu'elle vénérait, avait une fille qui s'appelait aussi Ernestine. Ma mère lui a donc parlé de moi? Et pour parler à Herminie avec cette confiance, ma mère l'aimait donc? j'ai donc raison de l'aimer aussi... C'est un devoir pour moi... Oh! ma tête se perd, mon cœur déborde... c'est trop... mon Dieu... c'est trop de bonheur.

Essuyant alors des larmes d'attendrissement, Ernestine dit à sa gouvernante :

— Et cette adresse ?

— Le maître d'hôtel était allé pour la savoir chez le notaire qui avait envoyé les cinq cents francs ; on la lui a donnée, et il a été la porter de la part de madame la baronne chez monsieur le marquis de Maillefort.

— Monsieur de Maillefort connaît aussi Herminie ?

— Je ne saurais le dire à Mademoiselle ; tout ce que je sais, c'est qu'il y a un mois le maître d'hôtel a porté l'adresse d'Herminie chez monsieur le marquis.

— Cette adresse... ma chère Lainé... cette adresse !

Au bout de quelques instants la gouvernante rapporta l'adresse d'Herminie, et Ernestine lui écrivit aussitôt :

« Ma chère Herminie,

« Vous m'avez invitée à aller voir votre
« gentille petite chambre... j'irai après de-
« main *mardi matin*, de très bonne heure,
« bien certaine de ne pas vous déranger
« ainsi de vos occupations ; je me fais une
« joie de vous revoir, j'ai mille choses à vous
« dire.

« Votre sincère amie qui vous embrasse,

« Ernestine. »

Après avoir cacheté cette lettre, mademoiselle de Beaumesnil dit à sa gouvernante :

— Ma chère Lainé, vous porterez vous-même cette lettre à la poste...

— Oui, Mademoiselle..

Et Ernestine se dit :

— Mais après demain matin ? pour sortir seule... avec madame Lainé, comment faire ?... Oh ! je ne sais, mais mon cœur me dit que je verrai Herminie.

V

Le matin du jour fixé par mademoiselle de Beaumesnil pour aller voir Herminie, Gerald de Senneterre venait d'avoir un long entretien avec Olivier. Les deux jeunes gens étaient assis sous cette tonnelle si particulièrement affectionnée par le commandant Bernard.

La figure du duc de Senneterre était très pâle, très altérée; il semblait en proie à de pénibles préoccupations.

— Ainsi, mon bon Olivier, — dit-il à son ami, — tu vas *la* voir...

— A l'instant... Je lui ai écrit hier soir pour lui demander une entrevue... Elle ne m'a pas répondu... donc elle consent.

— Allons, — dit Gerald avec un soupir d'angoisse, — dans une heure mon sort sera décidé...

— Je ne te le cache pas, Gerald, tout ceci est très grave... tu connais mieux que moi le caractère et l'orgueil de cette chère fille, et ce qui, auprès de toute autre, serait une certitude de réussite, peut avoir près d'elle un effet tout contraire ; mais enfin rien n'est désespéré...

— Tiens, vois-tu... Olivier... s'il fallait renoncer à elle, — s'écria Gerald d'une voix sourde, — je ne sais ce que je ferais.

— Gerald... Gerald...

— Eh bien ! oui... je l'aime comme un fou... Je n'avais jamais cru que l'amour, même le plus passionné, pût atteindre ce degré d'exaltation... Cet amour est une fièvre dévorante, une idée fixe qui m'absorbe et me brûle... Que veux-tu que je te dise ? la passion me déborde ; je ne vis plus... et d'ailleurs, tu comprends cela, toi... tu connais Herminie !

— Il n'est pas au monde, je le sais, une plus noble et plus belle créature...

— Olivier, — reprit Gerald en cachant sa figure dans ses mains, — je suis le plus malheureux des hommes.

— Allons, Gerald... pas de faiblesse... compte sur moi... compte aussi sur elle... Ne t'aime-t-elle pas autant que tu l'aimes ?... Voyons... ne te désole donc pas ainsi... Espère... et si malheureusement...

— Olivier!... s'écria M. de Senneterre, en relevant son beau visage, où l'on voyait la trace de larmes récentes, — je t'ai dit que je ne vivrais pas... sans elle...

Il y eut dans ces mots de Gerald un accent si sincère, une résolution si farouche, qu'Olivier trembla, car il savait l'énergie du caractère et de la volonté de son ancien frère d'armes.

— Pour Dieu, Gerald, — lui dit-il avec émotion, — encore une fois, rien n'est désespéré... Attends, du moins, mon retour.

— Tu as raison — dit Gerald en passant sa main sur son front brûlant, — j'attendrai.....

Olivier, voulant tâcher de ne pas laisser son ami sous l'empire de pensées pénibles, reprit :

— J'oubliais de te dire que j'ai causé avec mon oncle de ton dessein au sujet de mademoiselle de Beaumesnil que tu dois rencontrer après-demain dans une fête; il t'approuve fort. Cette conduite est digne de lui, m'a-t-il dit... Ainsi, Gerald, après-demain...

— Après-demain!... — s'écria le duc de Senneterre avec une impatiente amertume, — je ne pense pas si loin ; est-ce que je sais seulement ce que je ferai tantôt ?

— Gerald, il s'agit d'accomplir un devoir d'honneur.

— Ne me parle pas d'autre chose que d'Herminie... le reste m'est égal. Que me font à moi les devoirs d'honneur... quand je suis à la torture ?...

— Tu ne penses pas... ce que tu dis là, Gerald.

— Si... je le pense.

— Non...

— Olivier...

— Fâche-toi, si tu veux; mais je te dis, moi, que ta conduite, cette fois comme toujours, sera celle d'un homme de cœur... Tu iras à ce bal pour y rencontrer mademoiselle de Beaumesnil.

— Mais, mordieu... Monsieur, je suis libre de mes actions, peut-être!...

— Non, Gerald, tu n'es pas libre de faire le contraire d'une chose loyale et bonne!

— Savez-vous, Monsieur, — s'écria le duc de Senneterre, pâle de colère, — que ce que vous me dites là... est...

Mais voyant une expression de douloureux étonnement se peindre sur les traits d'Olivier, Gerald revint à lui-même, eut honte de son emportement, et dit à son ami d'une voix suppliante, en lui tendant la main :

— Pardon... Olivier... pardon, c'est au moment même où tu te charges pour moi de la mission la plus grave... la plus délicate... que j'ose...

— Ne vas-tu pas me faire des excuses, maintenant? — dit Olivier, en empêchant son ami de continuer, et lui serrant cordialement la main.

— Olivier... — reprit Gerald avec accablement, — il faut avoir pitié de moi... je te dis que je suis fou...

L'entretien des deux amis fut interrompu

par la soudaine arrivée de madame Barbançon, qui, en entrant sous la tonnelle, s'écria :

— Ah ! mon Dieu, monsieur Olivier !

— Qu'y a-t-il, madame Barbançon ?

— Le commandant !

— Eh bien !...

— Il est sorti.

— Souffrant... comme il l'est... — dit Olivier, avec une surprise inquiète, — c'est de la plus grande imprudence... et vous n'avez pas tenté de le dissuader de sortir, madame Barbançon ?

— Hélas ! mon Dieu ! monsieur Olivier, je crois que le commandant est fou.

— Que dites-vous ?

— C'est la portière qui a ouvert à M. Gerald en mon absence, quand je suis revenue tout-à-l'heure... M. Bernard riait, chantait, je crois même qu'il sautait malgré sa faiblesse... Enfin il m'a embrassée en criant comme un déchaîné : *Victoire ! maman Barbançon, Victoire !*

Gerald, malgré sa tristesse ne put s'empêcher de sourire d'un air sournois, comme s'il eût connu le secret de la joie subite du vieux marin, mais lorsque Olivier, véritablement inquiet, lui dit :

— Y comprends-tu quelque chose, Gerald?

Le duc de Senneterre répondit de l'air le plus naturel :

— Ma foi ! non... je n'y comprends rien...

si ce n'est que le commandant aura sans doute appris quelque heureuse nouvelle, et je ne vois là rien de bien inquiétant.

— Une heureuse nouvelle? — dit Olivier surpris, cherchant en vain ce que cela pouvait être, — je ne vois pas... quelle bonne nouvelle mon oncle aura pu apprendre.

— Ce qu'il y a de certain, — reprit madame Barbançon, — c'est qu'après avoir crié *victoire*! le commandant m'a dit : — Olivier est-il au jardin? — Oui, Monsieur, il y est avec M. Gerald. — Ah! Olivier est au jardin... Alors vite, maman Barbançon, ma canne et mon chapeau... Je me sauve... — Comment, vous vous sauvez! Mais, Monsieur... — lui ai-je dit — faible comme vous l'êtes... il n'y a pas de bon sens de vouloir sortir... — Mais, bah ! le commandant ne m'a pas seulement écouté, il a sauté sur son chapeau, et a fait deux pas comme pour aller vous trouver dans le jardin, monsieur Olivier, et puis il s'est arrêté court, a retourné sur ses pas, et est sorti par la porte de la rue, en trotinant comme un jeune homme, et en chantonnant sa vilaine romance :

— *Pour aller à Lorient, pêcher des sardines...* chanson marine qu'il ne chante que dans ses grandes joies, vous le savez, monsieur Olivier... et pour lui les grandes joies sont rares, pauvre cher homme !

— Raison de plus, si elles sont rares, pour qu'elles soient grandes, madame Barbançon, dit Gerald en souriant.

— En vérité, — lui dit Olivier, — je t'assure que cela m'inquiète... Mon oncle est si faible depuis sa maladie... qu'hier encore il s'est presque trouvé mal dans le jardin après une promenade d'une demi-heure, tant il était fatigué.

— Rassure-toi, mon ami, jamais la joie ne fait de mal...

— Je vas toujours courir du côté de la plaine, monsieur Olivier, — dit madame Barbançon, — il avait l'idée que l'exercice au grand air lui ferait plus de bien que ses promenades dans le jardin... Peut-être le trouverai-je par là... Mais qu'est-ce qu'il pouvait vouloir dire avec sa *victoire! maman Barbançon... victoire!...* il faut qu'il ait découvert quelque chose de nouveau en faveur de son *buùonaparté*.

— Et la digne ménagère sortit précipitamment.

— Allons, Olivier, — reprit Gerald, — ne t'alarme pas. Le pis qu'il puisse arriver au commandant est de se fatiguer un peu...

— Je t'assure, Gerald, que je suis moins inquiet que surpris... Cet accès de joie subite est pour moi incompréhensible...

Neuf heures sonnèrent...

Olivier, songeant à la mission qu'il allait remplir pour Gerald, lui dit :

— Allons... neuf heures... je vais chez elle...

— Bon Olivier, — dit Gerald avec émotion, — tu oublies tout ce qui t'intéresse pour ne songer qu'à moi... et moi, dans mon égoïsme, tout à mon amour, à mes angoisses, je ne te parle pas même de ton amour à toi.

— Quel amour?

— Cette jeune fille que tu as vue dimanche, chez madame Herbaut.

— Je voudrais, mon pauvre Gerald, que ton amour fût aussi tranquille que le mien... si toutefois on peut appeler de l'amour l'intérêt naturel qu'on ressent pour une pauvre petite fille... peu heureuse... qui n'est pas jolie, mais qui a pour elle une physionomie d'une douceur angélique, un excellent naturel et un petit babil très original.

— Et tu y penses souvent, à cette pauvre fille ?

— C'est vrai... je ne sais vraiment pas trop pourquoi;... si je le découvre, je te le dirai. Mais assez parlé de moi... tu viens de montrer de l'héroïsme, en oubliant un instant ta passion pour t'intéresser à ce que tu appelles *mon amour,* — dit Olivier en souriant, afin de tâcher d'éclaircir le front de Gerald. — Cette généreuse action sera récompensée. Allons, bon courage... espère... et attends-moi ici...

. . . .

Herminie, de son côté, songeait à la visite d'Olivier avec une vague inquiétude qui jetait un léger nuage sur ses traits naguère épanouis, rayonnants de bonheur.

— Que peut me vouloir M. Olivier ? — pensait *la duchesse*, — c'est la première fois qu'il me demande à venir chez moi, et c'est pour *une affaire très importante*, me dit-il dans sa lettre... Cette affaire importante ne doit pas le concerner, lui... Mon Dieu, s'il s'agissait de Gerald, dont M. Olivier est le meilleur ami ? Mais non... hier encore j'ai vu Gerald... je le verrai aujourd'hui... car c'est demain qu'il doit parler à sa mère... de nos projets... cependant... je ne sais pourquoi cette entrevue me tourmente... En tout cas, je veux prévenir la portière que j'y suis pour M. Olivier...

Et Herminie tira le cordon d'une sonnette qui communiquait à la loge de madame Moufflon, la portière.

Celle-ci, se rendant aussitôt à cet appel, entra chez la jeune fille au moyen d'une double clé.

— Madame Moufflon — lui dit Herminie — quelqu'un viendra ce matin me demander, et vous laisserez entrer.

— Si c'est une dame... bien entendu... je sais ma consigne, Mademoiselle.

— Non, madame Moufflon, ce n'est pas une dame, — répondit Herminie, avec un léger embarras.

— Ce n'est pas une dame? alors ça ne peut être que ce petit bossu pour qui vous y êtes toujours, Mademoiselle?

— Non, madame Moufflon, il ne s'agit pas

de M. de Maillefort, mais d'un jeune homme...

— Un jeune homme! — s'écria la portière... — un jeune homme! voilà, par exemple, du fruit nouveau!.... C'est la première fois...

— Ce jeune homme vous dira son nom, il se nomme Olivier.

— Olivier... ça n'est pas malin... je me rappellerai des *olives*... je les adore... *Olivier, olives, huile d'olive*... c'est la même chose... je ne l'oublierai pas... Mais, à propos, non pas de jeune homme... car il ne l'est plus, jeune... le grand vilain serpent! je l'ai encore vu rôder hier dans l'après-midi devant la porte.

— Qui cela, madame Moufffon?

— Vous savez bien... ce grand sec... qui a une figure si ingrate, et qui a voulu récidiver pour m'induire à vous remettre un poulet ; mais jour de Dieu ! je l'ai reçu aussi bien la seconde fois que la première.

— Ah ! encore ! — fit Herminie avec un sourire de dégoût et de mépris en songeant à de Ravil...

En effet, ce cynique, depuis sa rencontre avec Herminie, avait plusieurs fois tenté de se rapprocher de la jeune fille ; mais ne pouvant y parvenir ni triompher de l'incorruptibilité de la portière, il avait écrit par la poste à Herminie, et ses lettres avaient été accueillies avec le mépris qu'elles méritaient.

— Oui, Mademoiselle, il est encore venu

rôder hier...—reprit la portière,— et comme je me suis mise sur le pas de la porte pour le surveiller, il a ricané en passant devant moi... Je me suis dit : Ricane, va, grande vipère ! tu ris jaune...

— Je ne puis malheureusement éviter la rencontre de cet homme, qui quelquefois affecte de se trouver sur mon passage,— dit Herminie, — mais je n'ai pas besoin, madame Moufflon, de vous recommander de ne jamais le laisser s'approcher de chez moi.

— Oh ! soyez tranquille, Mademoiselle... il sait bien à qui il a affaire... allez !

— J'oubliais de vous dire, — reprit Herminie, — qu'une jeune personne viendra sans doute aussi me voir, ce matin.

— Les jeunes personnes et les dames, ça va tout seul, Mademoiselle... Mais si le jeune homme, M. *Olivier*... (vous voyez que je n'oublie pas le nom) était encore chez vous... quand cette jeune personne viendra?

— Eh bien?

— Est-ce qu'il faudra la laisser entrer tout de même?

— Certainement...

— Ah! tenez, mademoiselle, dit la portière, — M. Bouffard qui était si féroce pour vous, et que vous avez rendu comme un vrai mérinos, depuis que vous donnez des leçons à sa fille, a bien raison de dire : il y a des rosières qui ne valent pas mademoiselle Herminie... c'est une demoiselle... qui...

— Un coup de sonnette coupa court aux louanges de Madame Moufflon.

— C'est sans doute M. Olivier, dit Herminie à madame Moufflon, — priez-le d'entrer.

En effet, au bout d'un instant, la portière introduisit Olivier auprès de la jeune fille, et celle-ci resta seule avec l'ami intime de Gerald.

VI

L'inquiétude vague que ressentait Herminie, augmenta encore à la vue d'Olivier; le jeune homme paraissait triste, grave, et *la duchesse* crut remarquer que par deux fois il évita de la regarder, comme s'il éprouvait un pénible embarras; embarras, hésitation qui se manifestèrent encore par le silence de quelques instants qu'Olivier garda avant d'expliquer le sujet de sa visite.

Ce silence, Herminie le rompit la première, en disant :

— Vous m'avez écrit, monsieur Olivier, pour me demander une entrevue à propos d'une chose très grave?

— Très grave, en effet... Mademoiselle Herminie.

— Je vous crois, car vous semblez ému, monsieur Olivier ; qu'avez-vous donc à m'apprendre !

— Il s'agit de Gerald, Mademoiselle.

— Grand Dieu ! — s'écria *la duchesse* avec effroi, — que lui est-il arrivé ?

— Rien... — se hâta de dire Olivier, — rien de fâcheux... je le quitte à l'instant.

Herminie, rassurée, se sentit d'abord confuse de son indiscrète exclamation, et dit à Olivier en rougissant ;

— Veuillez, je vous prie... ne pas mal interpréter...

Mais, la franchise et la fierté de son caractère l'emportant, elle reprit :

— Après tout... pourquoi... vouloir vous cacher ce que vous savez, monsieur Olivier? N'êtes-vous pas le meilleur ami, presque le frère de Gerald? Ni lui, ni moi n'avons à rougir de notre attachement. C'est... demain qu'il doit faire part à sa mère de ses intentions, et lui demander... un consentement que, d'avance, il est certain d'obtenir. Pourquoi ne l'obtiendrait-il pas? notre condition est pareille... Gerald vit de sa profession comme je vis de la mienne... notre sort sera modeste, et... Mais pardon, monsieur Olivier, de vous parler ainsi de nous... c'est le défaut des amoureux. Voyons, puisqu'il n'est rien arrivé de fâcheux à Gerald, quelle peut être la chose si grave qui vous amène ici.

Les paroles d'Herminie annonçaient tant de sécurité, que Olivier sentit surtout alors la difficulté de la mission dont il s'était chargé, il reprit donc avec une pénible hésitation :

— Il n'est rien arrivé de fâcheux à Gerald, Mademoiselle Herminie... mais je viens vous parler de sa part.

Un moment rasséréné, le visage de *la duchesse* redevint inquiet.

— Monsieur Olivier, expliquez-vous, de grâce, — dit-elle, — vous venez me parler de la part de Gerald ?... pourquoi un intermédiaire entre lui et moi, cet intermédiare fût-il même vous... son meilleur ami ?... Cela m'étonne. Pourquoi Gerald ne vient-il pas lui-même ?

— Parce qu'il est... des choses... qu'il craint de vous avouer... Mademoiselle.

Herminie tressaillit ; sa physionomie s'altéra, et, regardant fixément Olivier, elle reprit ;

— Il est des choses... que Gerald craint de m'avouer... à moi !...

— Oui... Mademoiselle.

— Mais alors, — s'écria la jeune fille en pâlissant, — c'est donc quelque chose de bien mal, s'il n'ose pas me le dire ?

— Tenez, Mademoiselle, — reprit Olivier, qui était au supplice, — je voulais prendre des détours, des précautions ; cela ne servirait qu'à prolonger votre anxiété...

— Oh ! mon Dieu ! — murmura la jeune fille toute tremblante, — que vais-je donc apprendre ?

— La vérité... Mademoiselle Herminie... elle vaut mieux que le mensonge.

— Le mensonge ?

— En un mot, Gerald ne peut supporter

plus longtemps la position fausse à laquelle l'ont contraint la fatalité des circonstances, et le besoin de se rapprocher de vous... Son courage est à bout... il ne veut plus vous mentir, et quoi qu'il puisse en arriver... n'ayant d'espoir que dans votre générosité... il m'envoie, je vous le répète, vous dire ce qu'il craint de vous avouer lui-même... car il sait combien la fausseté vous fait horreur, et... malheureusement Gerald vous a trompée...

— Trompée... moi ?

— Gerald n'est pas ce qu'il paraît... il a pris un faux nom... il s'est donné pour ce qu'il n'était pas...

— Grand Dieu ! — murmura la jeune fille avec épouvante.

Et une idée terrible lui traversa l'esprit.

Étant à mille lieues de penser qu'Olivier pût avoir une intimité dans une classe éminemment aristocratique, la malheureuse enfant s'imagina tout le contraire : elle se persuada que Gerald avait pris un faux nom, s'était donné une fausse profession, afin de cacher sous ces dehors, non l'humilité de sa naissance ou de son état (aux yeux d'Herminie le travail et l'honorabilité égalisaient toutes les conditions), mais quelques antécédents honteux, coupables... enfin... Herminie se figura que Gerald avait commis quelque action déshonorante...

Aussi, dans sa folle terreur, la jeune fille tendant ses deux mains vers Olivier, lui dit d'une voix entrecoupée :

— N'achevez pas... oh !... n'achevez pas... cet aveu de honte.

— De honte !... — s'écria Olivier, — comment, parce que Gerald vous a caché qu'il était le *duc de Senneterre?*

— Vous dites... que... Gerald... votre ami ?...

— Est le duc de Senneterre !... oui... Mademoiselle... nous avions été au collège ensemble... il s'était engagé ainsi que moi... c'est ainsi que je l'ai retrouvé au régiment; depuis, notre intimité a toujours duré; maintenant, mademoiselle Herminie..... vous devinez pour quelle raison... Gerald vous a caché son titre et sa position..... C'est un tort dont je me suis rendu complice... par étourderie, car il ne s'agissait d'abord que d'une plaisanterie... que je regrette cruellement : c'était de présenter Gerald chez madame Herbaut, comme clerc de notaire... Malheureusement cette présentation éait déjà faite... lorsqu'après la singulière rencontre qui a rapproché Gerald de vous... il vous a retrouvée chez madame Herbaut : vous comprenez le reste... Mais, je vous le répète, Gerald a préféré vous avouer la vérité.... ce continuel mensonge révoltait trop sa loyauté.

En apprenant que Gerald, au lieu d'être un homme avili, se cachant sous un faux nom, n'avait eu d'autre tort que de dissimuler sa haute naissance, le revirement des idées d'Herminie fut si brusque, si violent, qu'elle éprouva d'abord une sorte de vertige ; mais lorsque la réflexion lui revint ; mais, lorsqu'elle put envisager d'un coup-d'œil les conséquences de cette révélation, le saisissement de la jeune fille fut tel que, devenant pâle comme une morte, elle trembla de tous ses membres, ses genoux vacillèrent, et il lui fallut s'appuyer un moment sur la cheminée.

Lorsque Herminie put parler, elle reprit d'une voix profondément altérée :

— Monsieur... Olivier... je vais vous dire quelque chose... qui vous semblera insensé... Tout-à-l'heure... avant que vous m'eussiez tout révélé... une idée folle... horrible, m'est venue... c'est que Gerald... m'avait dissimulé son vrai nom... parce qu'il était coupable... de quelque action... coupable... déshonorante peut-être...

— Ah! vous avez pu croire...

— Oui... j'ai cru cela... mais... je ne sais si la vérité que vous m'apprenez sur la position de Gerald... ne me cause pas un chagrin plus désespéré que celui que j'ai ressenti... en pensant que Gerald pouvait être un homme avili.

— Que dites-vous? Mademoiselle... c'est impossible!

— Cela vous semble insensé, n'est-ce pas? — reprit la jeune fille avec amertume.

— Comment!... Gerald avili...

— Eh! que sais-je! je pouvais espérer,

à force d'amour, de le tirer de son avilissement, de le relever à ses propres yeux... aux miens... enfin de le réhabiliter... mais — reprit Herminie, dans un accablement profond — entre moi... et M. le duc de Senneterre... il y a maintenant un abîme...

— Oh! rassurez-vous, — dit vivement Olivier, espérant guérir la blessure qu'il venait de faire, et changer en joie la douleur de la jeune fille, — rassurez-vous, mademoiselle Herminie, j'ai mission de vous avouer les torts de Gerald... mais, grâce à Dieu! j'ai aussi mission de vous dire qu'il entend les réparer... oh! les réparer de la façon la plus éclatante... Gerald a pu vous tromper sur des apparences... mais il ne vous a jamais trompée sur la réalité de ses sentiments : ils sont, à cette heure... ce qu'ils ont toujours été ; sa résolution n'a pas varié... Aujourd'hui comme hier... Gerald n'a qu'un vœu... qu'un espoir... c'est que vous consentiez à porter son nom... seulement aujourd'hui, ce nom est celui de *duc de Senneterre*... Voilà tout.

— Voilà tout ! — s'écria Herminie, dont l'accablement faisait place à une indignation douloureuse. — Ah ! voilà tout ? ainsi ce n'est rien, Monsieur... que d'avoir surpris mon affection à l'aide de faux dehors ? de m'avoir mise dans cette affreuse nécessité de renoncer à un amour... qui était l'espoir... le bonheur de ma vie... ou d'entrer dans une famille qui n'aura pour moi qu'aversion et dédain ? Ah ! cela n'est rien, Monsieur ? ah !

votre ami prétend m'aimer, et il m'estime assez peu pour croire que je subirai jamais les humiliations sans nombre auxquelles m'exposerait un pareil mariage ?

— Mais, mademoiselle Herminie...

— Monsieur Olivier... écoutez-moi... Lorsque je l'ai revu après une première rencontre... qui, par son étrangeté même, ne m'avait laissé que trop de souvenirs... Si Gerald m'eût franchement avoué qu'il était le duc de Senneterre, j'aurais résisté de toutes mes forces à une affection naissante, j'en aurais triomphé... peut-être... mais, en tous cas, de ma vie, je n'aurais revu Gerald ; je ne pouvais pas être sa maîtresse... et je n'étais pas faite, je vous le répète, pour subir les humiliations qui m'attendent si je consens à être sa femme.

— Vous vous trompez, mademoiselle Herminie, acceptez l'offre de Gerald, et vous n'aurez à redouter aucune humiliation; il est maître de lui. Depuis plusieurs années il a perdu son père; il dira donc tout à sa mère; il lui fera comprendre ce que cet amour est pour lui; mais si madame de Senneterre veut sacrifier à des convenances factices le bonheur de Gerald, celui-ci, à regret... sans doute et après avoir épuisé toutes les voies de persuasion, est décidé à se passer du consentement de sa mère...

— Et moi, Monsieur... je ne me passerai, à aucun prix... non de l'affection... elle ne se commande pas... mais de l'estime de la

mère de mon mari, parce que, cette estime...
je la mérite... Jamais, entendez-vous bien...
l'on ne dira que j'ai été un sujet de rupture
entre Gerald et sa mère... et que c'est en
abusant de l'amour qu'il avait pour moi, que
je me suis imposée à cette noble et grande
famille ; non, Monsieur... jamais l'on ne dira
cela de moi... mon *orgueil* ne le veut pas !

En prononçant ces derniers mots, Herminie fut superbe de douleur et de dignité.

Olivier avait le cœur trop bien placé pour
ne pas partager le scrupule de la jeune fille...
scrupule que lui et Gerald avaient redouté,
car ils ne s'abusaient pas sur l'indomptable
fierté d'Herminie. Néanmoins, Olivier, voulant tenter un dernier effort, lui dit :

— Mais enfin... mademoiselle Herminie, songez-y, je vous en supplie, Gerald fait tout ce qu'un homme d'honneur peut faire en vous offrant sa main. Que voulez-vous de plus ?

— Ce que je veux, Monsieur... je vous l'ai dit... c'est être traitée avec la considération qui m'est due... et que j'ai le droit d'attendre de la famille de M. de Senneterre...

— Mais, Mademoiselle, Gerald ne peut que vous répondre de lui... Exiger plus... serait...

— Tenez... monsieur Olivier, — dit Herminie, après un moment de réflexion, et interrompant l'ami de Gerald, — vous me connaissez... vous savez si ma volonté est ferme...

— Je le sais... Mademoiselle.

— Eh bien! de ma vie je ne reverrai Gerald, à moins que madame la duchesse de Senneterre, sa mère, ne vienne ici...

— Ici!... s'écria Olivier stupéfait.

— Oui... que madame la duchesse de Senneterre ne vienne ici... chez moi... me dire qu'elle consent à mon mariage avec son fils... Alors... on ne prétendra pas que je me suis imposée à cette noble famille.

Cette prétention, qui semble et qui était en effet d'un incroyable et superbe *orgueil,* Herminie l'exprimait simplement, naturellement, sans emphase, parce que, pleine d'une juste et haute estime de soi, la jeune fille avait la conscience de demander ce qui lui était dû.

Cependant, au premier abord, cette prétention parut à Olivier si exorbitante, qu'il ne put s'empêcher de répondre, dans sa stupeur :

— Madame de Senneterre!... venir chez vous... vous dire qu'elle consent au mariage de son fils... mais vous n'y songez pas, mademoiselle Herminie... c'est impossible !

— Et pourquoi cela, Monsieur ? demanda la jeune fille avec une fierté si ingénue, qu'Olivier, réfléchissant enfin à tout ce qu'il y avait de généreux, d'élevé dans le caractère et dans l'amour d'Herminie, répondit assez embarrassé :

— Vous me demandez, Mademoiselle, pourquoi madame de Senneterre... ne peut venir ici... vous dire qu'elle consent au mariage de son fils ?

— Oui, Monsieur...

— Mais, Mademoiselle, sans parler même des convenances du grand monde... la démarche... que vous exigez d'une personne de l'âge de madame de Senneterre... me semble...

Herminie, interrompant Olivier, lui dit avec un sourire amer :

— Si j'appartenais à ce *grand monde* dont vous parlez, Monsieur ; si, au lieu d'être une pauvre orpheline, j'avais une mère... une famille... et que M. de Senneterre m'eût recherchée en mariage... serait-il, oui ou non, dans *les convenances* que madame de

Senneterre fit la première démarche auprès de ma mère, ou de ma famille... pour lui demander ma main ?

— Certainement, Mademoiselle... Mais...

— Je n'ai pas de mère... je n'ai pas de famille, poursuivit tristement Herminie.

— A qui donc, si ce n'est à moi... madame de Senneterre doit-elle s'adresser, lorsqu'il s'agit de mon mariage ?

— Un mot seulement, Mademoiselle. Cette démarche de madame de Senneterre serait possible si ce mariage.... lui semblait convenable...

— Et c'est à cela que je prétends, monsieur Olivier.

— Mais la mère de Gerald ne vous connaît pas, Mademoiselle.

— Si madame de Senneterre a de son fils une assez mauvaise opinion pour le croire capable de faire un choix indigne, qu'elle s'informe de moi... Grâce à Dieu... je ne crains rien...

— C'est vrai, — dit Olivier, à bout d'objections raisonnables, — je n'ai rien à faire à cela.

— Voici mon dernier mot, monsieur Olivier reprit Herminie : — ou mon mariage avec Gerald conviendra à madame de Senneterre, et elle m'en donnera la preuve en faisant auprès de moi la démarche que je demande ; sinon.... elle me jugera indigne d'entrer dans sa famille... alors de ma vie je ne reverrai M. de Senneterre.

— Mademoiselle Herminie..... par pitié pour Gerald...

— Ah!... croyez-moi... je mérite plus de pitié... que M. de Senneterre, — dit la jeune fille, ne pouvant contraindre plus longtemps ses larmes et cachant sa figure dans ses mains, — car, moi... je mourrai de chagrin peut-être... mais du moins jusqu'à la fin... j'aurai été digne de Gerald et de mon mour.

Olivier était désolé... Il ne pouvait s'empêcher d'admirer cet orgueil, quoiqu'il en déplorât les conséquences en songeant au désespoir de Gerald.

Soudain on entendit sonner à la porte de la jeune fille.

Celle-ci redressa sa tête, essuya les larmes dont son beau visage était inondé ; puis se rappelant la lettre de mademoiselle de Beaumesnil, elle dit à Olivier :

— C'est sans doute Ernestine... Pauvre enfant, je l'avais oubliée.. Monsieur Olivier.. voulez-vous avoir la bonté d'aller ouvrir pour moi?...

Ajouta *la duchesse* en portant son mouchoir à ses yeux, afin d'effacer les traces de ses pleurs.

— Un mot encore, mademoiselle ; — reprit Olivier d'un ton pénétré, presque solennel, — vous ne pouvez vous imaginer quelle est l'exaltation de l'amour de Gerald..., vous savez si je suis sincère. Eh bien! j'ai peur... pour lui... entendez-vous bien... *j'ai peur...* en songeant aux suites de votre refus...

Herminie tressaillit aux effrayantes paroles d'Olivier. Pendant quelques instants, elle parut en proie à une lutte pénible... mais elle en triompha, et l'infortunée, brisée par cette torture morale, répondit à Olivier d'une voix presque défaillante :

— Il m'est affreux de désespérer Gerald, car je crois à son amour parce que je sais le mien... je crois à sa douleur... parce que je sens la mienne... mais jamais je ne sacrifierai ma dignité qui est aussi celle de Gerald...

— Mademoiselle... je vous en supplie...

— Vous savez mes résolutions, monsieur Olivier... je n'ajouterai pas un mot. Ayez pitié de moi... vous le voyez... cet entretien me tue...

Olivier, accablé, s'inclina devant Herminie, et se dirigea vers la porte; mais, à peine l'eut-il ouverte, qu'il s'écria :

— Mon oncle ! et vous, mademoiselle Ernestine ! Grand Dieu ! cette pâleur... ce sang à votre front... qu'est-il arrivé ?

A ces mots d'Olivier, Herminie sortit précipitamment de sa chambre et courut à la porte d'entrée.

VII

Telle était la cause de la surprise et de l'effroi d'Olivier, lorsqu'il eut ouvert la porte de la demeure de *la duchesse*.

Le commandant Bernard, pâle, la figure bouleversée, semblait se soutenir à peine ; il s'appuyait sur le bras de mademoiselle de Beaumesnil.

Celle-ci, aussi pâle que le vieux marin, et vêtue d'une modeste robe d'indienne, avait le front ensanglanté, tandis que les brides de son chapeau de paille flottaient dénouées sur ses épaules.

— Mon oncle, qu'avez-vous ?— s'écria Olivier, s'approchant vivement du vétéran et le regardant avec une angoisse inexprimable, — qu'est-il donc arrivé ?

— Ernestine,— s'écriait en même temps Herminie effrayée, — mon Dieu ! vous êtes blessée !...

— Ce n'est rien... Herminie,— répondit la jeune fille d'une voix tremblante en tâchant de sourire,— ce n'est rien... mais pardonnez... si je viens avec Monsieur... c'est que... tout-à-l'heure... je...

La pauvre enfant ne put continuer; ses forces, son courage étaient à bout, ses lèvres blanchirent... ses yeux se fermèrent, sa tête se renversa doucement en arrière, ses genoux se dérobèrent sous elle, et elle tombait sans Herminie qui la reçut dans ses bras.

— Elle se trouve mal... — s'écria *la duchesse*, — monsieur Olivier, aidez-moi... portons-la dans ma chambre...

— C'est moi... c'est moi qui suis cause de ce malheur! — dit le commandant Bernard dans sa douloureuse anxiété.

Et il suivit d'un pas chancelant, tant sa faiblesse était grande encore, Olivier et Herminie qui transportaient Ernestine dans la chambre à coucher.

— Pauvre petite… — murmura le vétéran, — quel cœur, quel courage…

La duchesse ayant assis Ernestine sur son fauteuil, ôta le chapeau qu'elle portait, écarta de son front pur et blanc, ses beaux cheveux châtains, dont les énormes tresses se déroulèrent sur ses épaules, puis, pendant que la tête appesantie de Mademoiselle de Beaumesnil était soutenue par Olivier, Herminie, à l'aide de son mouchoir, étancha le sang d'une blessure heureusement légère que la jeune fille avait un peu au-dessus de la tempe.

Le vieux marin, debout, immobile, les lèvres tremblantes, tenant entre ses mains jointes son petit mouchoir à carreaux bleus, contemplait cette scène touchante sans pouvoir trouver une parole, tandis que de grosses larmes tombaient lentement de ses yeux sur sa moustache blanche.

— Monsieur Olivier, soutenez-là... je vais chercher de l'eau fraîche et un peu d'eau de Cologne, — dit Herminie.

Et bientôt elle revint, portant une élégante cuvette de porcelaine anglaise et un flacon de cristal à demi rempli d'eau de Cologne.

Après avoir légèrement épongé la blessure d'Ernestine, avec de l'eau mélangée de spiritueux, Herminie en prit quelques gouttes dans sa main, et les fit aspirer à mademoiselle de Beaumesnil...

Peu à peu, les lèvres d'Ernestine se colorèrent, et une tiède rougeur remplaça la froide pâleur de ses joues...

— Dieu soit loué !... elle revient à elle, — dit Herminie, en relevant les tresses de la chevelure de l'orpheline, et les assujétissant sur sa tête, au moyen de son peigne d'écaille.

Olivier, profondément touché de ce tableau, dit à *la duchesse*, qui, debout auprès du fauteuil, soutenait sur son sein agité la tête de mademoiselle de Beaumesnil :

— Mademoiselle Herminie, je regrette que ce soit dans une si triste circonstance que j'aie à vous présenter mon oncle... monsieur le commandant Bernard.

La jeune fille répondit aux paroles d'Olivier par un salut affectueux adressé au vieux marin. Celui-ci reprit :

— Et moi, Mademoiselle, je suis doublement désespéré de cet accident, dont je suis malheureusement cause..... et qui vous met dans un si pénible embarras.

— Mais, mon oncle, — reprit Olivier, — que vous est-il donc arrivé ?

Pendant qu'Herminie voyant, grâce au bon succès de ses soins, Ernestine reprendre peu à peu ses sens, lui faisait de nouveau aspirer quelques gouttes d'eau de Cologne, le commandant Bernard répondit à Olivier d'une voix émue :

— J'étais sorti ce matin pendant que tu causais avec un de tes amis...

— En effet, mon oncle, madame Barbançon m'a dit que vous aviez eu l'imprudence de sortir malgré votre extrême faiblesse... mais que ce qui l'avait un peu rassurée... c'est que vous lui avez paru plus gai que vous ne l'aviez été depuis bien longtemps.

— Oh! certes... — reprit le vétéran avec expansion, — j'étais gai parce que j'étais heureux... oh! bien heureux... car, ce matin...

Mais le commandant s'arrêta, regarda Olivier avec une expression singulière, et ajouta en soupirant :

— Non... non, je ne dois rien te dire; enfin... je suis donc sorti...

— C'était bien imprudent... mon oncle.

— Que veux-tu... j'avais mes raisons... et puis j'ai cru que l'exercice au grand air serait plus profitable à ma convalescence que les promenades bornées à notre petit jardin... je suis donc sorti... Cependant, me défiant de mes forces, au lieu de gagner la platine... je suis allé ici près, dans ces grands terrains gazonnés qui avoisinent le chemin de fer... Après avoir un peu marché... me sentant fatigué, je me suis assis au soleil, sur le faîte d'un talus qui borde l'une de ces rues tracées et pavées, mais où il n'y a pas encore de maisons...

J'étais là depuis un quart-d'heure, lorsque, me croyant suffisamment reposé, j'ai voulu me lever pour revenir chez nous... mais cette promenade, quoique peu longue, avait épuisé mes forces. A peine étais-je debout, que j'ai été pris d'un étourdissement, mes jambes ont fléchi, j'ai perdu l'équilibre, le talus était rapide...

— Et vous êtes tombé...— dit Olivier avec anxiété.

— Oui...j'ai glissé jusques en bas du monticule : cette chute aurait été peu dangereuse... si une grosse charrette chargée de pierres et dont les chevaux, abandonnés du charretier, marchaient à l'aventure... n'eût passé à ce moment...

— Grand Dieu ! — s'écria Olivier.

— Quel affreux danger ! — s'écria Herminie.

— Oh ! oui, affreux... surtout pour cette chère demoiselle que vous voyez là..... blessée... oui... blessée... en risquant sa vie pour sauver la mienne.

— Comment... mon oncle... cette blessure... de mademoiselle Ernestine...

— En tombant au bas du talus, — reprit le vieillard en interrompant son neveu, qui jeta sur mademoiselle de Beaumesnil un regard d'attendrissement et de reconnaissance ineffable, — ma tête avait porté..... j'étais étendu sur le pavé, incapable de faire un mouvement, lorsqu'à travers une espèce de vertige... je vis les chevaux s'avancer... Ma tête n'était plus à un pied de la roue... lorsque j'entends un grand cri... je vois vaguement une femme, qui venait en sens inverse des chevaux se précipiter de mon côté...

c'est alors que la connaissance m'a manqué tout-à-fait...

— Puis, — reprit le vieillard avec une émotion croissante, — lorsque je suis revenu à moi... j'étais assis et adossé au talus... à deux pas de l'endroit où j'avais failli être écrasé... Une jeune fille, un ange de courage et de bonté, était agenouillée devant moi, les mains jointes, pâle encore d'épouvante, le front ensanglanté... Et... c'était elle... — s'écria le vieux marin, en se retournant vers Ernestine, qui avait alors tout-à-fait repris ses sens.

— Oui, c'était vous, Mademoiselle ! — reprit-il, — vous qui m'avez sauvé la vie en vous exposant à périr... vous, pauvre faible créature, qui n'avez écouté que votre cœur et que votre vaillance.

— Oh ! Ernestine, que je suis fière d'être votre amie ! — s'écria *la duchesse* en serrant contre son cœur Ernestine, rougissante et confuse.

— Oui... oui... — s'écria le vieillard... — soyez-en fière de votre amie... Mademoiselle... vous le devez !

— Mademoiselle...— dit à son tour Olivier en s'adressant à mademoiselle de Beaumesnil avec un trouble indéfinissable, — je ne puis vous dire que ces mots... et votre cœur comprendra ce qu'ils signifient pour moi : *je vous dois la vie de mon oncle, ou plutôt du père le plus tendrement chéri...*

— Monsieur Olivier, — répondit mademoiselle de Beaumesnil en baissant les yeux après avoir regardé le jeune homme avec surprise... — ce que vous me dites là... me rend doublement heureuse..... car j'avais ignoré... jusqu'ici, que Monsieur fût celui de vos parents dont Herminie m'avait parlé avant-hier.

— Et maintenant, Mademoiselle, — reprit le vieillard d'un ton rempli d'intérêt..... — comment vous trouvez-vous?... il faudrait peut-être aller chercher un médecin... Mademoiselle Herminie... qu'en pensez-vous? Olivier y courrait.

— Monsieur Olivier, n'en faites rien, de grâce, — dit vivement Ernestine, — je n'éprouve qu'un peu de mal de tête ; la blessure doit être légère, c'est à peine si je la ressens. Lorsque... tout-à-l'heure je me suis évanouie, ç'a été... je vous l'assure, bien plus d'émotion... que de douleur.

— Il n'importe, Ernestine, — dit Herminie... — il faut prendre un peu de repos... Je crois comme vous votre blessure légère... mais vous avez été si effrayée, que je veux vous garder pendant quelques heures.

— Oh! quant à cette ordonnance-là, ma chère Herminie, — dit en souriant mademoiselle de Beaumesnil, — j'y consens de tout cœur... et je ferai durer ma convalescence le plus longtemps qu'il me sera possible.

— Olivier, mon enfant... — dit le vieux marin, — donne-moi le bras, et laissons ces demoiselles.

— Monsieur Olivier, — reprit Herminie, — il est impossible que M. Bernard, faible comme il l'est, s'en aille à pied... Si vous voulez dire à la portière d'aller chercher une voiture.

— Non non, ma chère demoiselle, avec le bras de mon Olivier, je ne crains rien, — reprit le vieillard... — le grand air me remettra... et puis je veux montrer à Olivier l'endroit où je périssais sans cet ange gardien... Je ne suis pas dévot, Mademoiselle, mais j'irai souvent, je vous le jure, faire un pélerinage à ce talus de gazon... et je prierai à ma manière pour la généreuse créature qui m'a sauvé au moment où j'avais tant envie de vivre, car ce matin même...

Et pour la seconde fois, à la nouvelle surprise d'Olivier, le vétéran refoula les paroles qui lui vinrent aux lèvres...

— Enfin..... n'importe, — reprit-il, — je prierai donc à ma manière pour mon ange sauveur, car vraiment, — ajouta le vétéran en souriant d'un air de bonhomie, — c'est le monde renversé... ce sont les jeunes filles qui sauvent les vieux soldats... heureusement qu'aux vieux soldats, il reste un cœur pour le dévoûment et pour la reconnaissance.

Olivier, les yeux attachés sur le mélancolique et doux visage de mademoiselle de Beaumesnil, éprouvait un attendrissement rempli de charme ; son cœur palpitait sous les émotions les plus vives et les plus diverses, en contemplant cette jeune fille, et se rappelant les incidents de sa première rencontre avec elle, sa franchise ingénue, l'originalité naïve de son esprit, puis surtout les confidences d'Herminie qui lui avait appris que le sort d'Ernestine était loin d'être heureux.

Certes Olivier admirait plus que personne la rare beauté de la *duchesse*, mais en ce moment Ernestine lui semblait aussi belle...

Le jeune sous officier était tellement absorbé, qu'il fallut que son oncle le prît par le bras, et lui dit :

— Allons, mon garçon..... n'abusons pas plus longtemps de l'hospitalité que mademoiselle Herminie... me permettra d'avoir acceptée.

— En effet, Herminie, — dit Ernestine, — sachant que vous demeuriez tout auprès de l'endroit où l'accident est arrivé... j'ai cru pouvoir...

— N'allez-vous pas vous excuser maintenant, — dit *la duchesse* en souriant et en interrompant mademoiselle de Beaumesnil, — vous excuser d'avoir agi en amie?

— Adieu donc, Mesdemoiselles, — dit le vieux marin.

Et s'adressant à Ernestine d'un ton pénétré :

— Il me serait trop pénible de penser... que je vous ai vue aujourd'hui pour la première et la dernière fois... Oh ! rassurez-vous, Mademoiselle, — ajouta le vieillard en répondant à un mouvement d'embarras d'Ernestine, — ma reconnaissance ne sera pas indiscrète…. seulement je vous demanderai comme une grâce à vous et à mademoiselle Herminie… de me faire savoir….. quelquefois… aussi rarement que vous le voudrez, quand je pourrai vous rencontrer ici, n'est-ce pas ? — dit le vieillard en contenant son émotion, — car ce n'est pas tout… de remplir un cœur de gratitude, il faut au moins lui permettre de l'exprimer quelquefois…

— Monsieur Bernard, — dit Herminie, — votre désir est trop naturel… pour qu'Ernestine et moi nous ne nous y rendions pas….. L'un de ces soirs qu'Ernestine sera libre….. nous vous avertirons et vous nous ferez le plaisir de venir prendre une tasse de thé avec nous.

— Vraiment? dit joyeusement le vieillard; puis il ajouta :— Toujours le monde renversé... ce sont les obligés qui sont comblés par les bienfaiteurs... enfin je me résigne. Allons, encore adieu, Mesdemoiselles, et surtout au revoir... viens-tu, Olivier?

Au moment de sortir, le vieux marin s'arrêta, parut hésiter et, après un moment de réflexion, il revint sur ses pas et dit aux deux jeunes filles :

— Tenez, Mesdemoiselles, décidément... je ne peux pas... je ne dois pas emporter un secret qui m'étouffe.

— Un secret... monsieur Bernard?

— Ah! mon Dieu oui..... deux fois déjà il m'est venu aux lèvres; mais, deux fois... je me suis contraint, parce que j'avais promis de garder le silence... mais, après tout, il faut que mademoiselle Ernestine, à qui je dois la vie... sache au moins pourquoi je suis si heureux de vivre...

— Je pense, comme vous, monsieur Bernard, — dit Herminie, — vous devez cette récompense à Ernestine.

— Je vous assure, Monsieur, — reprit mademoiselle de Beaumesnil, — que je serai très heureuse de votre confidence...

— Oh! c'est que c'est une vraie confidence, Mademoiselle... car, je vous l'ai dit, on m'avait recommandé le secret. Oui... et s'il faut te l'avouer, mon pauvre Olivier, c'est pour le mieux garder, ce diable de secret... que je suis sorti ce matin... pendant que tu étais à la maison.

— Pourquoi cela, mon oncle ?

— Parce que, malgré toutes les recommandations du monde, dans le premier saisissement de la bonne nouvelle... que je venais d'apprendre, je n'aurais pu m'empêcher de te sauter au cou, et de te dire tout !! aussi je suis sorti... espérant m'habituer assez à ma joie pour pouvoir te la cacher plus tard.

— Mais, mon oncle, — dit Olivier qui écoutait le vétéran avec une surprise croissante, — de quelle bonne nouvelle voulez-vous donc parler ?

— *L'ami*... que tu as vu ce matin à la maison ne t'a pas dit que sa première visite avait été pour moi, n'est-ce pas ?

— Non, mon oncle... Lorsqu'il est venu me trouver sous la tonnelle... je croyais qu'il arrivait à l'instant.

— C'est cela, nous en étions convenus, de te cacher notre entrevue... car c'est lui qui me l'a apportée, cette fameuse nouvelle ! et Dieu sait s'il était content ! quoiqu'il m'ait paru bien triste d'autre part... En un mot, Mesdemoiselles, vous allez comprendre mon bonheur, — reprit le vétéran d'un air triomphant, — mon brave Olivier est nommé officier !

— Moi ! — s'écria Olivier avec un élan de joie impossible à rendre, — moi officier ! !

— Ah ! quel bonheur pour vous, monsieur Olivier ! dit Herminie.

— Oui, mon brave enfant, — reprit le vétéran en serrant dans ses mains les deux mains d'Olivier ; — oui, tu es officier, et je devais te garder le secret... jusqu'au jour où tu recevras ton brevet pour que ta joie fût plus complète.... car tu ne sais pas tout...

— Qu'y a-t-il donc encore? monsieur Bernard, — demanda Ernestine qui prenait un vif intérêt à cette scène.

— Il y a... Mesdemoiselles, que mon cher Olivier... ne me quittera pas d'ici longtemps du moins, car on l'a nommé officier dans l'un des régiments qui viennent d'arriver en garnison à Paris... Eh bien! mademoiselle Ernestine, — reprit le vétéran, — avais-je raison d'aimer la vie! en pensant au bonheur d'Olivier..... au mien?..... Comprenez-vous maintenant toute l'étendue de ma reconnaissance envers vous ?

Le nouvel officier restait muet, pensif; une vive émotion se peignit sur ses traits lorsque, par deux fois, il jeta les yeux sur mademoiselle de Beaumesnil avec une expression nouvelle et singulière.

— Eh bien ! mon enfant, — dit le vétéran étonné, presque chagrin du silence méditatif qui avait succédé chez Olivier à sa première exclamation de surprise et de joie, — moi qui croyais te faire tant de plaisir, en t'annonçant ton grade ! Je sais bien qu'après tout, ce n'est que justice rendue... et tardivement rendue... à tes services, mais enfin...

— Oh... ne me croyez pas ingrat !... envers la destinée, mon oncle, — reprit Oli-

vier d'une voix profondément pénétrée, —
si je me tais, c'est que mon cœur est trop
plein... c'est que je pense... à tous les bonheurs que renferme la nouvelle que vous
m'apprenez ; car, ce grade... je le dois...
j'en suis sûr, à la chaleureuse intervention
de mon meilleur ami... Ce grade... me rapproche pour longtemps de vous, mon oncle... et enfin ce grade... — ajouta Olivier,
en jetant de nouveau les yeux sur Ernestine,
qui rougit en rencontrant encore le regard
du jeune homme, — ce grade est sans prix
pour moi... — reprit Olivier, — parce que...
parce que... c'est vous qui me l'annoncez,
mon oncle.

Evidemment, Olivier ne disait pas la troisième raison qui rendait son nouveau grade
si précieux pour lui.

Ernestine devina seule les généreuses et secrètes pensées du jeune homme... car elle rougit encore, et une larme d'attendrissement involontaire brilla dans ses yeux...

— Et maintenant, mon officier, — reprit gaiement le vieux marin. — maintenant que ces demoiselles ont bien voulu prendre part à ce qui nous intéresse... remercions-les, ne soyons pas plus longtemps indiscrets... Seulement..... Mademoiselle Herminie..... n'oubliez pas votre invitation pour le thé, vous voyez que j'ai bonne mémoire...

— Oh! soyez tranquille, monsieur Bernard, je vous prouverai que j'ai aussi bonne mémoire que vous, — répondit gracieusement Herminie.

Pendant que le commandant Bernard adressait à mademoiselle de Beaumesnil quelques dernières paroles de reconnaissance et d'adieu, Olivier, s'approchant d'Herminie, lui dit à demi-voix d'un ton suppliant :

— Mademoiselle Herminie..... il est des jours qui doivent disposer à la clémence..... que dirai-je à Gerald?

— Monsieur Olivier, — reprit Herminie, dont le front s'attrista profondément, car la pauvre enfant avait un instant oublié ses chagrins... — vous savez ma résolution...

Olivier connaissait la fermeté du caractère d'Herminie ; il étouffa un soupir en songeant à Gerald, et reprit :

— Un mot encore, Mademoiselle Herminie, voulez-vous avoir la bonté de me recevoir demain... à l'heure qui vous conviendra... pour une chose très importante, et qui, cette fois, m'est toute personnelle ?... vous me rendrez un vrai service...

— Avec plaisir, monsieur Olivier, — répondit *la duchesse* quoique assez surprise de cette demande. — Demain matin... je vous attendrai...

— Je vous remercie, Mademoiselle... A demain donc! — dit Olivier.

Et il sortit avec le commandant Bernard.

Les deux jeunes filles, les deux sœurs, restèrent seules.

VIII

Les derniers mots adressés par Olivier à Herminie avaient réveillé les chagrins dont elle s'était forcément distraite lors de l'arrivée imprévue du commandant Bernard et d'Ernestine.

Ernestine, de son côté, resta quelques moments silencieuse, pensive pour deux motifs : elle était rêveuse, d'abord parce qu'elle se rappelait les regards singuliers qu'Olivier avait jetés sur elle en apprenant qu'il était officier... regards... dont Ernestine croyait comprendre la touchante et généreuse signification, puis la jeune fille ressentait un mélancolique bonheur en songeant que sa nouvelle amie était la jeune artiste que l'on avait appelée auprès de madame de Beaumesnil pendant ses derniers moments.

La rêverie d'Ernestine s'augmentait de l'embarras qu'elle éprouvait pour amener l'entretien sur les soins touchants dont sa mère avait été entourée par Herminie.

Quant à la présence de mademoiselle de Beaumesnil chez Herminie, rien de plus simple à expliquer : s'étant rendue, comme d'habitude, à la messe avec mademoiselle de la Rochaiguë, Ernestine avait dit à madame Lainé de l'accompagner, puis, au sortir de l'office, prétextant de quelques emplettes à faire, elle était ainsi partie seule, avec sa gouvernante; un fiacre les avait conduites non loin de la rue de Monceau, et madame Lainé attendait dans la voiture le retour de sa jeune maîtresse.

Quoique le silence de *la duchesse* eût à peine duré quelques moments, Ernestine, remarquant la morne et pénible préoccupation où venait de retomber son amie, lui dit avec un mélange de tendresse et de timidité

— Herminie, je ne serai jamais indiscrète;... mais... il me semble que depuis un instant vous êtes bien triste?

— C'est vrai, — répondit franchement la jeune fille, — j'ai un grand chagrin.

— Pauvre Herminie, — dit vivement Ernestine, — un grand chagrin?

— Oui... et peut-être tout-à-l'heure vous en avouerai-je la cause...; mais maintenant j'ai le cœur trop navré... trop serré, puisse votre douce influence, Ernestine... le détendre un peu... alors je vous dirai tout... et encore... je ne sais si puis...

— Pourquoi cette réticence, Herminie? ne me jugez-vous pas digne de votre confiance?...

— Ce n'est pas cela... pauvre chère enfant...; mais vous êtes si jeune... que je ne dois pas peut-être me permettre avec vous... certaines confidences...; enfin... nous verrons; mais pensons à vous. Il faut d'abord vous reposer... sur mon lit... vous serez plus commodément que sur cette chaise.

— Mais, ma chère Herminie...

Sans répondre à la jeune fille, *la duchesse* alla vers son alcôve, et en tira les rideaux, que, par un sentiment de chaste réserve, elle laissait toujours fermés.

Ernestine vit un petit lit de fer, recouvert d'un couvre-pied de guingan rose très frais, pareil à la doublure intérieure des rideaux de perse, et sur lequel s'étendait une courtepointe de mousseline blanche, relevée d'une garniture brodée par Herminie. Le fond de l'alcôve était aussi tendu en guingan rose, et l'oreiller, d'une éblouissante blancheur, avait une garniture de mousseline à points à jour. Rien de plus frais, de plus coquet que ce lit virginal sur lequel Ernestine, cédant aux prières de *la duchesse*, s'étendit à demi.

S'asseyant alors dans son fauteuil au chevet de l'orpheline, Herminie lui dit avec une tendre sollicitude, en lui prenant les deux mains :

— Je vous assure, Ernestine... qu'un peu de repos vous fera grand bien... Comment vous trouvez-vous ?

— Je me sens la tête encore un peu pesante, voilà tout...

— Chère enfant, à quel affreux péril vous avez échappé!...

— Mon Dieu! Herminie, il ne faut pas m'en savoir gré... Je n'ai pas songé un instant au danger... j'ai vu ce pauvre vieillard glisser du talus, et tomber presque sous la roue de la charrette.., j'ai crié, je me suis élancée, et quoique je ne sois pas bien forte, je suis parvenue, je ne sais comment, à attirer assez M. Bernard de mon côté, pour l'empêcher d'être écrasé...

— Vaillante et chère enfant... quel courage!... et votre blessure?

— C'est en me relevant que je me serai sans doute frappée à la roue... Dans le moment, je n'ai rien senti; M. Bernard, en revenant à lui, s'est aperçu que j'étais blessée...; mais ne parlons plus de cela, j'ai eu plus de peur que de mal... et c'est être vaillante à bon marché.

Jetant alors autour d'elle des regard ravis, la jeune fille reprit :

— Vous aviez bien raison de me dire que votre petite chambre était charmante... Herminie! Comme c'est frais et coquet! et ces jolies gravures... et ces statuettes si gracieuses... et ces vases remplis de fleurs, il me semble que ce sont de ces choses bien simples que tout le monde pourrait avoir, et que personne n'a... parce que le goût seul sait les choisir...; et puis, quand on pense,— ajouta la jeune fille avec une émotion contenue — que c'est par votre seul travail que vous avez pu acquérir toutes ces charmantes choses... comme vous devez être fière et heureuse ! comme vous devez vous plaire ici !

— Oui, — répondit tristement *la duchesse,* — je me suis plu ici... pendant longtemps...

— Et maintenant, vous ne vous y plaisez plus ? Oh ! ce serait une ingratitude.

— Non ! non... cette pauvre petite chambre m'est toujours chère, — reprit vivement Herminie en pensant que dans cette chambre elle avait vu Gerald pour la première... et pour la dernière fois peut-être.

Ernestine ne savait comment trouver une transition qui lui permît d'amener l'entretien sur sa mère... sans éveiller les soupçons d'Herminie; mais, avisant son piano, elle ajouta :

— Voilà ce piano... dont vous jouez si bien, dit-on... Oh! que j'aurai de plaisir à vous entendre un jour !...

— Ne me demandez pas cela aujourd'hui, je vous en prie, Ernestine... je fondrais en larmes... aux premières notes... Quand je suis triste... la musique me fait pleurer...

— Oh! je comprends cela; mais, plus tard... je vous entendrai, n'est-ce pas ?

— Je vous le promets.

— A propos de musique, — reprit Ernestine en tâchant de se contraindre, — l'autre soir, quand j'étais assise chez madame Herbaut, à côté de plusieurs jeunes personnes, l'une d'elles disait qu'une dame étant très malade vous avait appelée auprès d'elle.....

— Cela est vrai... — répondit tristement Herminie, essayant de trouver un refuge contre ses pénibles préoccupations dans le souvenir de sa mère. — Oui... et cette dame était celle dont je vous ai parlé l'autre soir, Ernestine, parce qu'elle avait une fille qui s'appelait comme vous...

— Et... en vous écoutant... n'est-ce pas? les souffrances de cette dame devenaient moins vives?

— Parfois elle les oubliait; mais, hélas!... ce soulagement n'a pas suffi pour la sauver...

— Bonne comme vous l'êtes, Herminie...

quels soins touchants vous avez dû avoir... de cette pauvre dame !

— C'est qu'aussi, voyez-vous, Ernestine... sa position était si intéressante !... si navrante !... Mourir... jeune encore... en regrettant une fille bien-aimée !...

— Et de sa fille... elle vous parlait quelquefois, Herminie ?

— Pauvre mère ! sa fille était sa préoccupation constante... et dernière ; elle avait un portrait d'elle... toute enfant... et souvent j'ai vu ses yeux pleins de pleurs, s'attacher sur ce tableau ; alors elle me disait combien sa fille méritait sa tendresse par son charmant naturel... elle me parlait aussi des lettres qu'elle recevait d'elle... presque chaque jour ; à chaque ligne, me disait-elle, se révélait la bonté du cœur de cette enfant chérie...

— Pour être ainsi en confiance avec vous... Herminie... cette dame devait vous aimer... beaucoup ?

— Elle me témoignait une grande bienveillance... à laquelle je répondais par un respectueux attachement...

— Et... la fille... de cette dame... qui vous aimait tant... et que vous aimiez tant aussi... vous n'avez... jamais eu... le désir de la connaître, cette autre Ernestine ?

— Si... car tout ce que sa mère m'en avait dit avait éveillé d'avance ma sympathie pour cette jeune personne ;... mais elle était en pays étranger... Cependant, lorsqu'elle est revenue à Paris un instant... j'avais espéré de la voir...

— Comment cela, ma chère Herminie ? — demanda Ernestine en dissimulant sa curiosité.

— Une circonstance m'ayant rapprochée de son tuteur... il m'avait dit que peut-être je serais appelée à donner à cette jeune demoiselle des leçons de piano.

Ernestine tressaillit de joie ; cette pensée ne lui était pas jusqu'alors venue, mais, voulant motiver sa curiosité aux yeux d'Herminie, elle reprit en souriant :

— Vous ne savez pas pourquoi je vous fais tant de questions sur cette jeune demoiselle ?... C'est qu'il me semble que j'en serais jalouse... si vous alliez l'aimer mieux que moi... cette autre Ernestine ?

— Oh ! rassurez-vous... — dit Herminie en secouant mélancoliquement la tête.

— Et pourquoi... ne l'aimeriez-vous pas ? — dit vivement mademoiselle de Beaumesnil qui, regrettant cette expression d'inquiétude involontaire, ajouta :

— Je ne suis pas assez égoïste pour vouloir priver cette demoiselle de votre affection.

— Ce que je sais d'elle, le souvenir des bontés de sa mère, lui assurera toujours ma sympathie ; mais, hélas ! ma pauvre Ernestine, tel est mon orgueil... que je craindrais toujours que mon attachement n'eût l'air intéressé... cette jeune demoiselle est très riche... et je suis pauvre.

— Ah! — dit amèrement mademoiselle de Beaumesnil, — c'est avoir bien mauvaise opinion d'elle... sans la connaître...

— Détrompez-vous, Ernestine.... je ne doute pas de son bon cœur, d'après ce que m'en a dit sa mère... Mais, pour cette jeune personne, ne suis-je pas une étrangère?... puis, à cause de plusieurs raisons, et surtout de crainte de réveiller en elle de cruels regrets, c'est à peine si j'oserais lui parler des circonstances qui m'ont rapprochée de sa mère mourante, des bontés qu'elle a eues pour moi. Ne serait-ce pas, d'ailleurs, avoir l'air de chercher à me faire valoir et d'aller au-devant d'une affection... à laquelle... je n'ai aucun droit?...

A cet aveu, combien Ernestine se félicita d'avoir été aimée d'Herminie avant d'être connue pour ce qu'elle était réellement !

Et puis, rapprochement étrange elle craignait de ne rencontrer que des affections intéressées, parce qu'elle était *la plus riche héritière de France*, tandis que Herminie, parce qu'elle était pauvre, craignait que son affection ne parût intéressée....

La duchesse semblait de plus en plus accablée, depuis la dernière moitié de cet entretien;... elle avait cru y trouver un refuge contre ses cruelles pensées, et, fatalement, elle s'y voyait ramenée ; car c'était aussi dans le sublime orgueil de sa pauvreté, craignant de voir attribuer à l'intérêt ou à la vanité de son amour pour Gerald, que Herminie avait puisé la fière résolution qui devait presque infailliblement ruiner ses dernières espérances. Comment espérer en effet que madame la duchesse de Senneterre consentirait à la démarche exigée d'elle ?

Mais, hélas ! quoiqu'assez courageuse pour sacrifier son amour à la dignité de cet amour même, Herminie n'en ressentait pas moins tout ce que ce sacrifice héroïque avait d'affreux pour elle... à mesure qu'elle y songeait davantage.

Aussi, faisant allusion presque malgré elle à ses douloureux sentiments, elle dit d'une voix altérée, en rompant la première un silence de quelques instants :

— Ah ! ma pauvre Ernestine... qui croirait que les affections les plus pures... les plus nobles, peuvent être souillées par des soupçons infâmes !...

Et incapable de se contenir plus longtemps, elle fondit en larmes en cachant son visage dans le sein d'Ernestine, qui, alors à demi-couchée, se releva et serra son amie contre son cœur en lui disant :

— Herminie..., mon Dieu !... qu'avez-vous ?... Je m'apercevais bien que vous deveniez de plus en plus triste... mais je n'osais vous demander... la cause de votre peine...

— N'en parlons plus...— reprit Herminie,

qui semblait rougir de ses larmes, — pardonnez-moi cette faiblesse... mais, tout à l'heure... des souvenirs... pénibles...

— Herminie, je n'ai aucun droit à vos confidences... mais pourtant quelquefois... l'on souffre moins en parlant de sa souffrance...

— Oh! oui... car cela oppresse... cela tue... une douleur... contrainte... mais l'humiliation... mais la honte.

— Vous... humiliée... vous éprouver de la honte... Herminie... oh non!... jamais, vous êtes trop fière pour cela!

— Eh! n'est-ce pas une lâche faiblesse, une honte, que de pleurer comme je fais... après avoir eu le courage d'une résolution juste et digne?

Et après un moment d'hésitation, *la duchesse* dit à Ernestine :

— Ma pauvre enfant... ne regardez pas ce que je vais vous dire... comme une confidence... Votre extrême jeunesse me donnerait des scrupules...; mais, dans ce récit, voyez une leçon...

— Une leçon?

— Oui... comme moi vous êtes orpheline... comme moi vous êtes sans appui... sans expérience qui puisse vous éclairer sur les pièges, sur les tromperies dont de pauvres créatures comme nous sont quelquefois entourées... Ecoutez-moi donc, Ernestine... et puissé-je vous épargner les douleurs dont je souffre!

Et Herminie raconta à Ernestine cette

scène dans laquelle, justement offensée contre Gerald, qui s'était permis de payer ce qu'elle devait, et le traitant d'abord avec hauteur et dédain, la jeune fille lui avait ensuite pardonné, touchée du généreux sentiment auquel Gerald avait réellement cédé.

Puis Herminie continua en ces termes :

— Deux jours après... cette première rencontre, voulant me distraire de souvenirs qui, pour mon repos, prenaient déjà sur moi trop d'empire... j'allai le soir chez madame Herbaut; c'était le dimanche; quelle fut ma surprise, de retrouver ce même jeune homme dans cette réunion ! J'éprouvai d'abord une impression de chagrin.... presque de crainte... sans doute un pressentiment...; puis j'eus le malheur de céder à l'attrait de cette nouvelle rencontre... jamais, jusqu'alors, je n'avais vu personne qui eût, comme lui, des manières à la fois simples, élégantes et distinguées, un esprit brillant et enjoué, mais toujours d'une réserve du meilleur goût. Je déteste les louanges, et il trouva moyen de me faire accepter ses flatteries, tant il sut y mettre de délicatesse et de grâce. J'appris dans la soirée qu'il se nommait Gerald, et que...

— Gerald? — dit vivement Ernestine en songeant que le duc de Senneterre, l'un des prétendants à sa main, se nommait aussi Gerald.

Mais un coup de sonnette qui se fit entendre, attira l'attention d'Herminie, et l'empêcha de remarquer l'étonnement de mademoiselle de Beaumesnil.

Celle-ci, à ce bruit, se leva du lit où elle était assise, pendant qu'Herminie, très contrariée de cette visite inopportune se dirigea vers la porte.

Un domestique âgé lui remit un billet contenant ces mots :

« Il y a plusieurs jours que je ne vous ai
« vue, ma chère enfant, car j'ai été un
« peu souffrant. Pouvez-vous me recevoir
« ce matin.

« Tout à vous bien affectueusement,

« MAILLEFORT.

« *P. S.* Ne vous donnez pas la peine de

« me répondre, si vous voulez de votre vieil
« ami, dites seulement *oui* au porteur de ce
« billet. »

Herminie, toute à son chagrin, fut sur le point de chercher un prétexte pour éviter la visite de M. de Maillefort; mais réfléchissant que le marquis, appartenant au grand monde, connaissait sans doute Gerald, et que, sans livrer son secret au bossu, elle pourrait peut-être avoir par lui quelques renseignements précis sur le duc de Senneterre, elle dit au domestique :

— J'attendrai ce matin M. le marquis de Maillefort.

Puis, revenant dans sa chambre, où l'attendait mademoiselle de Beaumesnil, Herminie se dit :

—Mais si M. de Maillefort vient pendant qu'Ernestine est encore ici? Eh bien! peu importe qu'elle le voie chez moi, elle a maintenant mes confidences, et d'ailleurs la chère enfant est si discrète qu'à l'aspect d'un étranger elle me laissera seule avec lui.

Herminie continua donc son entretien avec mademoiselle de Beaumesnil sans lui parler de la prochaine visite de M. de Maillefort, de crainte qu'Ernestine, par convenance, ne la quittât plus tôt qu'elle ne se l'était proposé.

IX

— Pardonnez-moi de vous avoir quittée, ma chère Ernestine, dit Herminie à son amie. — C'était une lettre, et j'ai fait une réponse verbale...

— Je vous en prie, Herminie, — répondit Ernestine, — veuillez continuer vos confidences, vous ne sauriez croire à quel point elles m'intéressent.

— Et moi, il me semble que mon cœur se soulage en s'épanchant...

— Voyez-vous, j'en étais bien sûre, — répondit Ernestine avec une tendresse ingénue...

— Je vous disais donc qu'à la réunion de madame Herbaut, j'appris que ce jeune homme s'appelait Gerald Auvernay... C'est M. Olivier qui me le nomma en me le présentant.

— Ah!... il connaissait M. Olivier.

— C'était son ami intime..... car Gerald avait été soldat au même régiment que M. Olivier ; en quittant le service, il s'était employé chez un notaire, m'a-t-il dit, mais, depuis peu de temps, il avait renoncé à ce travail de chicane, qui ne convenait pas à son caractère, et s'était occupé aux fortifications sous un officier du génie qu'il avait connu en Afrique... Vous le voyez Ernestine, Gerald était d'une condition égale à la mienne, et libre ainsi que lui, j'étais bien excusable de me laisser entraîner à ce penchant fatal.

— Pourquoi fatal, Herminie ?

— Quelques mots encore, et vous saurez tout. Le lendemain de notre rencontre chez madame Herbaut... vers la tombée du jour, de retour de mes leçons, j'étais assise dans le jardin, dont le propriétaire avait eu l'obligeance de me permettre l'entrée ; ce jardin, comme vous pourriez le voir à travers la fenêtre, n'est séparé de la ruelle, qui le borne, que par une charmille et une palis-

sade à hauteur d'appui ; du banc où j'étais placée, je vis passer Gerald : au lieu d'être mis, comme la veille, avec une élégante simplicité, il portait une blouse grise et un large chapeau de paille ; il fit un mouvement de suprise en m'apercevant ; Mais loin de paraître humilié d'être vu dans son habit de travail, il me salua, s'approcha et me dit gaîment qu'il finissait sa journée, qu'il venait de diriger certaines parties des constructions militaires, que l'on exécute maintenant dans la plaine de Monceau : « C'est
« un métier moitié d'architecte, moitié de
« soldat, qui me plaît mieux que la sombre
« étude du notaire, — me dit-il, — ce que
« je gagne, me suffit, j'ai à conduire de
« rudes et braves travailleurs, au lieu de pa-
« perasser des procès, et j'aime mieux cela. »

— Oh! je comprends bien cette préférence, ma chère Herminie.

— Sans doute, aussi je vous l'avoue, Ernestine, cette résignation à un travail pénible, presque manuel, m'a d'autant plus touchée, que Gerald a reçu une très bonne éducation ; ce soir-là il me quitta bientôt et me dit en souriant que, dans l'espoir de me rencontrer quelquefois sur les limites de *mon parc*, il se félicitait d'avoir à passer souvent par cette ruelle pour aller voir un de ses anciens camarades de l'armée, qui habitait une petite maison que l'on apercevait, en effet, du jardin. Que vous dirai-je, Ernestine ?... presque chaque soir... à la fin du jour j'avais ainsi un entretien avec Gerald ; souvent même nous sommes allés nous promener dans ces grands terrains gazonnés où ce matin est arrivé l'accident de M. Bernard. Je trouvais dans Gerald tant de franchise, tant de générosité de cœur, tant d'esprit, et de charmante humeur ; il paraissait enfin avoir de moi une si haute, et je puis le dire.. une si juste estime, que lorsque vint le jour où Gerald me déclara son amour et me dit qu'il ne pouvait vivre sans moi... mon bonheur... fut grand, Ernestine... ô ! bien grand ! car si Gerald ne m'eût pas aimée... je ne sais pas ce que je serais devenue... Il m'eût été impossible de renoncer à cet amour... Et aimer seule... aimer sans espoir, — ajouta la pauvre créature en tressaillant et contenant à peine ses larmes, — oh ! c'est pire que la mort.... c'est une vie... à jamais désolée :

Mais, surmontant son émotion, Herminie continua :

— Ce que je ressentais, je le dis franchement à Gerald ; de ma part, ce n'était pas seulement de l'amour... c'était presque de la reconnaissance... car, sans lui, la vie m'apparaissait trop affreuse. « Nous sommes li-
« bres tous deux, — ai-je dit à Gerald, —
« notre condition est égale.... nous aurons à
« demander au travail, notre vie de chaque
« jour... et cela satisfait mon orgueil, car
« l'oisiveté imposée à la femme est pour elle
« une cruelle humiliation. Notre existence
« sera donc modeste.... Gerald, peut-être
« même précaire.. mais, à force de courage,
« appuyés l'un sur l'autre et forts de notre
« amour... nous défierons les plus mauvais
« jours... »

— Oh! Herminie, quel digne langage!....
Comme M. Gerald a dû être heureux et fier
de vous aimer!.. Mais, encore une fois, puisque vous avez rencontré tant de chances
de bonheur, pourquoi vos larmes, votre chagrin?

— N'est-ce pas, Ernestine, que j'étais bien
excusable de l'aimer! — dit l'infortunée, en
portant son mouchoir à ses lèvres, pour
comprimer ses sanglots. — N'est-ce pas que
c'était là de ma part un noble et loyal
amour! Oh! dites-le moi... N'est-ce pas qu'on
ne peut pas... m'accuser de...

Herminie n'acheva pas, ses larmes étouffèrent sa voix.

— Vous accuser?... — s'écria Ernestine,

— mais, mon Dieu, de quoi vous accuser ?
N'êtes-vous pas libre comme M. Gerald, ne
vous aime-t-il pas autant que vous l'aimez ?
Laborieux tous deux, votre condition est
égale...

— Non, reprit Herminie avec accablement. — Non, nos conditions ne sont pas
égales.

— Que dites-vous ?

— Non, elles ne sont pas égales, hélas ! et
c'est là mon malheur, car, afin de les égaliser en apparence, Gerald m'a trompée par
de faux dehors.

— Oh ! mon Dieu... et qui est-il donc ?

— Le duc de Senneterre.

— Le duc de Senneterre !

S'écria Ernestine, frappée de stupeur et d'effroi pour Herminie, en pensant que Gerald était l'un des trois prétendants à sa main à elle Ernestine, et qu'elle devait se rencontrer avec lui au bal du lendemain. Il abusait donc indignement Herminie, puisqu'il donnait suite à ses prétentions de mariage avec la riche héritière.

Herminie interpréta la muette et profonde stupeur de son amie en l'attribuant au saisissement qu'une pareille révélation lui devait causer, et reprit :

— Eh bien ! dites.... Ernestine... suis-je assez malheureuse !

— Oh ! une telle tromperie.. c'est infâme.. et comment avez-vous pu savoir ?...

— M. de Senneterre, se sentant incapable de supporter plus longtemps, a-t-il dit, la vie de continuelles faussetés que son premier mensonge lui imposait... et n'osant me faire lui-même l'aveu de cette tromperie, il en a chargé M. Olivier.

— Enfin... c'est du moins M. de Senneterre... qui lui-même vous a fait faire cette révélation...

— Oui... et malgré la douleur qu'elle m'a causée... j'ai retrouvé là quelque chose de cette loyauté que j'aimais en lui.

— Sa loyauté ! — s'écria Ernestine avec amertume, sa loyauté !... et maintenant... il vous abandonne ?...

—Loin de m'abandonner,—reprit Herminie,—il me propose sa main...

— Lui!... M. de Senneterre?

S'écria Ernestine avec une nouvelle stupeur;— mais alors, Herminie, — reprit-elle,— pourquoi vous désespérer ainsi?

— Pourquoi?— dit *la duchesse*,— parce qu'une pauvre orpheline comme moi n'achète un pareil mariage... qu'au prix des humiliations les plus dures.

Herminie ne put continuer, car elle entendit sonner.

—Pardon, ma chère Ernestine,—reprit-elle en séchant ses larmes et contenant son émotion, — je crois savoir quel est la personne qui sonne-là... Je ne puis me dispenser de la recevoir...

— Alors... je vous quitte, Herminie, — dit Ernestine, en reprenant à la hâte son châle et son chapeau, — quoiqu'il me soit bien pénible de vous laisser si triste...

— Attendez du moins que cette personne soit entrée...

— Allez toujours ouvrir, Herminie, pendant que je vais mettre mon chapeau.

La duchesse fit un pas vers la porte; mais, par un sentiment rempli de délicatesse, réfléchissant à la difformité de M. de Maillefort, elle revint et dit à son amie :

— Ma chère Ernestine... afin d'épargner à la personne que j'attends le petit désagrément que lui causerait peut-être l'expression de votre surprise à la vue de son infirmité... je vous préviens que cette personne est bossue...

Soudain mademoiselle de Beaumesnil se rappela que sa gouvernante lui avait appris que le marquis de Maillefort s'était fait donner l'adresse d'Herminie; une crainte vague lui fit demander à Hermine avec un embarras mortel :

— Et quelle est cette personne ?

— Un excellent homme qu'une circonstance étrange m'a fait connaître... car il appartient au grande monde... Mais je crains de trop tarder à ouvrir... Excusez-moi, ma chère Ernestine.

L'ENVIE

FÉLIX BASTIEN.

Et Herminie disparut.

Ernestine resta immobile, atterrée.

Un invincible pressentiment lui disait que M. de Maillefort allait entrer... la trouver chez Herminie... et quoique mademoiselle de Beaumesnil dût aux paroles ironiques du marquis le désir et la volonté de tenter l'épreuve qu'elle avait subie, lors de sa présentation chez madame Herbaut, quoiqu'enfin elle ressentît pour lui une sorte de revirement sympathique, elle ignorait encore jusqu'à quel point elle pouvait compter sur M. de Maillefort, et cette rencontre la désolait.

Ernestine ne s'était pas trompée...

Son amie rentra, accompagnée du marquis.

Heureusement Herminie, songeant seulement alors que les rideaux de son alcôve étaient ouverts, se hâta d'aller les fermer, selon son habitude de chaste susceptibilité.

La duchesse, tournant ainsi le dos à Ernestine, et à M. de Maillefort, pendant quelques secondes, ne put s'apercevoir du saisissement que ces deux personnages éprouvèrent à la vue l'un de l'autre...

M. de Maillefort, en reconnaissant mademoiselle de Beaumesnil, tressaillit de stupeur; une curiosité remplie d'inquiétude se peignit sur tous ses traits; il ne pouvait en croire ses yeux... il allait parler, lorsque Ernestine, pâle, tremblante, joignit vivement les mains en le regardant d'un air si désespéré, si suppliant, que les paroles expirèrent sur les lèvres du marquis.

A ce moment, Herminie se retoura ; la figure de M. de Maillefort n'exprimait plus le moindre étonnement ; voulant même donner à mademoiselle de Beaumesnil le temps de se remettre, il dit à Herminie :

— Je suis bien indiscret, j'en suis sûre, Mademoiselle... je viens... mal à propos peut-être...

— Jamais, monsieur, croyez-le, vous ne viendrez mal à propos... — dit *la duchesse...* — je vous demanderai seulement la permission de reconduire Mademoiselle...

— Je vous en supplie, — dit le marquis en s'inclinant, — je serais désolé que vous fissiez pour moi la moindre cérémonie.

Il fallut à mademoiselle de Beaumesnil un grand empire sur elle-même pour ne pas trahir son trouble ; heureusement la petite entrée qui précédait la chambre d'Herminie était obscure, et l'altération subite des traits d'Ernestine, échappant à son amie, elle lui dit :

— Ernestine... après ce que je viens de vous confier, je n'ai pas besoin de vous dire combien votre présence me sera nécessaire... Hélas! je ne croyais pas devoir mettre si tôt votre amitié à l'épreuve... Par grâce, Ernestine... par pitié... ne me laissez pas trop longtemps seule.... Si vous saviez combien... je vais souffrir !... Car je ne puis plus espérer de revoir Gerald... ou l'espérance qui me reste est si incertaine... que je n'ose

y compter... Je vous expliquerai tout cela...
Mais, je vous en conjure, ne me laissez pas
longtemps sans vous voir...

— Oh! croyez bien, Herminie, que je viendrai le plus tôt que je pourrai... et ce ne sera pas ma faute... si...

— Hélas! je comprends... Votre temps appartient au travail... parce qu'il vous faut travailler pour vivre... C'est comme moi; malgré ma douleur, il va falloir que, dans une heure... je commence... ma tournée de leçons... Mes leçons, mon Dieu! mon Dieu!.. et c'est à peine si j'ai la tête à moi... Mais, pour nous autres, ce n'est pas tout que de souffrir... il faut vivre!

Herminie prononça ces derniers mots

avec une si déchirante amertume, que mademoiselle de Beaumesnil se jeta au cou de son amie en fondant en larmes.

— Allons, j'aurai du courage, Ernestine, — lui dit Herminie en répondant à son étreinte, — je vous le promets... je me contenterai du peu de temps que vous me donnerez, j'attendrai... et je me souviendrai, — ajouta la pauvre *duchesse*, en tâchant de sourire. — Oui... me souvenir de vous et attendre votre retour... ce sera encore une consolation.

— Adieu, Herminie, adieu! dit mademoiselle de Beaumesnil d'une voix étouffée, — adieu, à bientôt... le plus tôt que je pourrai... je vous le jure... après-demain, si je puis... Et... après tout, je le pourrai, — ajouta résolument l'orpheline, — oui, quoi qu'il arrive, après-demain, à cette heure ci comptez sur moi...

— Merci... merci, — dit Herminie en embrassant Ernestine avec effusion, — ah ! la compassion que j'ai eue pour vous... votre généreux cœur me le rend bien...

— Après-demain, Herminie.

— Merci encore, Ernestine.

— Adieu, — dit la jeune fille.

Et dans un trouble inexprimable, elle se dirigea vers l'endroit où sa gouvernante l'attendait dans le fiacre.

Au moment où mademoiselle de Beaumesnil sortait de chez Herminie; elle se croisa avec un homme qui se promenait lentement dans la rue, en regardant de temps à autre la maison occupée par Herminie.

Cet homme était de Ravil, qui, on l'a dit, venait parfois rôder autour de la demeure de *la duchesse,* dont il avait gardé un très irritant souvenir, depuis le jour où ce cynique avait si insolemment abordé la jeune artiste, alors qu'elle était sur le point d'entrer à l'hôtel de Beaumesnil.

De Ravil reconnut parfaitement *la plus riche héritière de France* qui, dans son trouble, remarqua d'autant moins ce personnage, qu'elle ne l'avait vu qu'une fois au Luxembourg, lors de la séance de la chambre des pairs où M. de la Rochaiguë l'avait conduite.

— Oh! oh!... Qu'est ceci? la petite Beaumesnil mise presque en grisette... sortant seulette, pâle et comme effarée, d'une maison de ce quartier désert... — se dit le de Ravil avec une surprise incroyable... — Suivons-la... d'abord prudemment... Plus j'y songe, plus j'aime à me persuader que c'est le diable qui m'envoie une pareille bonne fortune... Oui, oui... cette découverte peut être pour moi la poule aux œufs d'or... Eh! eh !.. cela me réjouit le cœur et l'âme... Rien que d'y songer... j'ai des éblouissements... métalliques... tout-à-fait dans le genre de ceux de ce gros niais de Mornand...

Pendant que de Ravil suivait ainsi mademoiselle de Beaumesnil, sans qu'elle se doutât de ce dangereux espionnage, Herminie était revenue auprès de M. de Maillefort.

X

M. de Maillefort attendait le retour d'Herminie dans une perplexité étrange, se demandant quelle circonstance inexplicable avait pu rapprocher cette jeune fille de mademoiselle de Beaumesnil.

Le marquis désirait d'ailleurs ce rapprochement, ainsi qu'on le verra bientôt; mais le bossu ne l'avait pas conçu de la sorte;

aussi la présence d'Ernestine chez Herminie, le mystère dont elle avait dû nécessairement s'entourer pour se rendre dans cette maison, le secret que mademoiselle de Beaumesnil lui avait demandé d'un air si suppliant, secret qu'il voulait et devait scrupuleusement garder, d'après sa promesse tacite; tout concourait à exciter au plus haut point la curiosité, l'intérêt et presque l'inquiétude de M. de Maillefort, qui, pour tant de raisons, ressentait une sollicitude paternelle pour mademoiselle de Beaumesnil.

Cependant, lors du retour d'Herminie, qui s'excusa de l'avoir laissé seul trop longtemps, le marquis lui dit de l'air du monde le plus naturel :

— Je serais désolé, ma chère enfant, que

vous ne me traitiez pas avec cette familiarité à laquelle ont droit les véritables amis ; rien de plus simple d'ailleurs, que de reconduire une de vos compagnes... car cette jeune personne... est, je suppose...

—Une de mes amies, Monsieur, ou plutôt, ma meilleure amie...

—Oh!... oh!... — dit le marquis en souriant, — c'est une bien vieille, une bien ancienne amitié... sans doute ?

— Très récente, au contraire, Monsieur, car cette amitié a été aussi soudaine qu'elle est sincère... et déjà éprouvée.

— Je connais assez votre cœur et la solidité de votre esprit, ma chère enfant, pour être certain de la sûreté de votre choix.

— Un seul trait, qui vient de se passer, il y a une heure à peine, Monsieur, vous fera juger du courage et de la bonté de mon amie : au péril de sa vie, car elle a été blessée, elle a arraché un pauvre vieillard à une mort certaine.

Et en quelques mots Herminie, fière de son amie, et voulant la faire apprécier ainsi qu'elle méritait de l'être, raconta la courageuse conduite d'Ernestine au sujet du commandant Bernard.

L'on devine l'émotion du marquis à cette révélation inattendue, qui lui montrait mademoiselle de Beaumesnil sous un aspect si touchant ; aussi s'écria-t-il :

— C'est admirable de courage... de générosité...

Puis il ajouta :

— J'en étais sûr... vous ne pouviez que dignement placer votre amitié, ma chère enfant... mais quelle est donc cette brave et excellente jeune fille ?

— Une orpheline... comme moi, Monsieur, et qui, comme moi, vit de son travail : elle est brodeuse...

— Ah !... elle est brodeuse ?... mais puisqu'elle est orpheline... elle vit donc seule ?

— Non, Monsieur... elle vit avec une de ses parentes... qui l'a présentée dimanche soir, à un petit bal... où je l'ai rencontrée pour la première fois.

Le marquis croyait rêver : il fut un instant sur le point de soupçonner quelqu'un des la

Rochaiguë d'être complice de ce singulier mystère. Mais la foi aveugle qu'il avait avec raison dans la droiture d'Herminie, lui fit rejeter cette idée; cependant, il se demandait comment avait pu faire mademoiselle de Beaumesnil pour quitter pendant toute une soirée l'hôtel de son tuteur, à l'insu du baron et de sa famille, pour aller au bal; il se demandait aussi avec non moins d'étonnement par quels moyens Ernestine avait pu ce matin-là même, disposer de quelques heures d'entière liberté; mais craignant d'éveiller la défiance d'Herminie en la questionnant davantage, il reprit :

— Allons... c'est un bonheur pour moi que de vous savoir une amie si digne de vous... et... il me semble — ajouta le bossu avec intérêt — qu'elle ne pouvait venir plus propos.

— Pourquoi cela, Monsieur ?

— Vous savez que vous m'avez donné le droit de franchise ?

— Certainement, Monsieur.

— Eh bien ! il me semble que vous n'êtes pas dans votre état habituel... Je vous trouve pâle ; l'on voit qu'il y a peu d'instants vous avez pleuré, pauvre chère enfant !

— Monsieur... je vous assure...

— Et, s'il faut vous le dire... cela m'a frappé d'autant plus, que les deux dernières fois que je vous ai vue... vous sembliez tout heureuse... Oui, le contentement se lisait sur tous vos traits... cela donnait même à votre beauté quelque chose de si expansif... de si radieux... que... vous vous en souvenez peut-être, pour la rareté de la chose, je vous ai fait compliment de votre rayonnante beauté... Jugez un peu... moi qui suis le plus maussade louangeur du monde!! — ajouta le bossu en tâchant d'amener un sourire sur les lèvres d'Herminie.

Mais celle-ci ne pouvant vaincre sa tristesse, répondit :

— L'émotion que m'a causée... le danger auquel Ernestine... vient d'échapper... ce matin... a sans doute altéré mes traits, Monsieur.

Le marquis, certain qu'Herminie souffrait

d'un chagrin qu'elle voulait tenir caché, n'insista pas par discrétion, et reprit :

— Ainsi que vous me le dites, ma chère enfant... cette émotion aura sans doute ainsi altéré vos traits; heureusement le péril est passé; mais, dites-moi, il me faut bien vous l'avouer, ma visite est intéressée... très intéressée...

— Puissiez-vous dire vrai, Monsieur !

— Je vais vous le prouver... Vous savez, ma chère enfant, que je me suis fait un scrupule d'honneur d'insister désormais auprès de vous... à propos du grave motif qui m'a amené ici pour la première fois.

— Oui, Monsieur... et je vous ai su gré de n'être pas revenu sur un sujet si pénible pour moi.

— Il faut cependant que je vous parle, sinon de madame de Beaumesnil du moins de sa fille, — dit le marquis en attachant un regard pénétrant, attentif, sur Herminie, afin de découvrir (quoiqu'il fût à peu près certain du contraire), si la jeune fille savait que sa nouvelle amie était mademoiselle de Beaumesnil; mais il ne conserva pas le moindre doute sur l'ignorance d'Herminie à ce sujet, car elle répondit sans le plus léger embarras :

— Vous avez à me parler de la fille de madame de Beaumesnil, Monsieur?

— Oui, ma chère enfant... je ne vous ai pas caché l'amitié dévouée qui m'attachait à madame de Beaumesnil, ses recommandations dernières au sujet d'une jeune personne orpheline... jusqu'ici inconnue... introuvable, malgré mes recherches ; je vous ai dit aussi les vœux non moins chers de la comtesse au sujet de sa fille Ernestine... Différentes raisons qui ne sont, croyez-moi, d'aucun intérêt pour vous... font que j'aurais le plus grand désir, dans l'intérêt de mademoiselle de Beaumesnil, de vous voir rapprochée d'elle...

— Moi, Monsieur, — dit vivement Herminie en songeant au bonheur de connaître sa sœur ; — et comment me rapprocher de mademoiselle de Beaumesnil ?...

— D'une manière bien simple... et dont on vous avait déjà, je crois, parlé... lorsque vous vous êtes si noblement conduite envers madame de la Rochaiguë.

— En effet, Monsieur, l'on m'avait fait espérer que je serais appelée auprès de mademoiselle de Beaumesnil pour lui donner des leçons de piano...

— Eh bien! ma chère enfant, la chose est arrangée.

— Vraiment, Monsieur!

— J'en ai parlé hier au soir à madame de la Rochaiguë... Elle doit vous proposer aujourd'hui ou demain comme maîtresse de piano à mademoiselle de Beaumesnil; je ne doute pas qu'elle n'accepte..... Quant à vous... ma chère enfant... d'abord, je ne prévois pas de refus probable... de votre part...

— Oh! bien loin de là, Monsieur!

— Et d'ailleurs, ce que je vous demande pour la fille... — dit le bossu avec émotion, — je vous le demande au nom de sa mère, pour qui... vous aviez un si tendre attachement...

— Vous ne pouvez douter, Monsieur, de l'intérêt que m'inspirera toujours mademoiselle de Beaumesnil... mais les relations que j'aurai avec elle devant se borner à des leçons de piano...

— Non pas...

— Comment, Monsieur?

— Vous sentez bien, ma chère enfant, que je ne me serais pas donné assez de peine pour amener ce rapprochement entre mademoiselle de Beaumesnil et vous... s'il devait se borner à des leçons de piano données et reçues...

— Mais, Monsieur...

— Il s'agit d'intérêts sérieux, ma chère enfant, qui ne peuvent être mieux placés qu'entre vos mains.

— Alors, Monsieur..... expliquez-vous..... de grâce.

— Je vous en dirai davantage, — reprit le marquis souriant à demi, en pensant à la douce surprise d'Herminie lorsqu'elle reconnaîtrait mademoiselle de Beaumesnil dans *l'orpheline brodeuse,* sa meilleure amie, — je m'expliquerai tout-à-fait lorsque vous aurez vu votre nouvelle écolière.

— En tous cas, Monsieur, croyez que je regarderai toujours comme un devoir d'obéir à vos inspirations, je serai prête à aller chez mademoiselle de Beaumesnil lorsqu'elle me fera sa demande...

— C'est moi qui me charge de vous présenter à elle...

— Oh ! tant mieux... Monsieur...

— Et si vous le voulez... samedi... matin... à cette heure-ci... je viendrai vous prendre...

— Je vous attendrai, Monsieur, et je vous remercie de m'épargner l'embarras de me présenter seule...

— Un mot... de recommandation... ma chère enfant, dans l'intérêt de mademoiselle de Beaumesnil... personne ne sait, personne ne doit savoir que sa pauvre mère m'a fait appeler près d'elle à ses derniers instants. Il faut que l'on ignore aussi le profond attachement que je ressentais pour la comtesse... Vous garderez le plus profond silence à ce sujet... dans le cas où M. ou madame de la Rochaiguë vous parleraient de moi?

— Je me conformerai à vos intentions, Monsieur...

— Ainsi donc, ma chère enfant, — dit le bossu en se levant, — à... samedi, c'est convenu... Je me fais une joie de vous présenter à mademoiselle de Beaumesnil... et je suis certain que vous-même... vous trouverez... à cette entrevue... un charme auquel... vous ne vous attendez pas.

— Je l'espère... Monsieur, — répondit Herminie, presque avec distraction, — car voyant le marquis sur le point de sortir, elle ne savait comment aborder une question dont elle se préoccupait depuis l'arrivée du bossu ; elle lui dit donc en tâchant de paraître très calme :

— Auriez-vous la bonté, Monsieur... avant de vous en aller, de me donner, si toutefois cela vous est possible, quelques renseignements que j'aurais à vous demander ?

— Parlez, ma chère enfant, — dit M. de Maillefort en se rasseyant.

— Monsieur le marquis... dans le grand monde où vous vivez, — reprit Herminie avec un embarras mortel, — auriez-vous eu l'occasion de rencontrer... madame la duchesse de Senneterre?

— J'étais l'un des bons amis de son mari, et j'aime extrêmement son fils, le duc de Senneterre actuel, un des plus dignes jeunes gens que je connaisse... Hier encore, — ajouta le bossu avec émotion, j'ai acquis une nouvelle preuve de la noblesse de son caractère.

Une légère rougeur monta au front d'Herminie en entendant louer spontanément Gérald par un homme qu'elle respectait autant que M. de Maillefort.

Celui-ci reprit, assez étonné :

— Mais quels renseignements voulez-vous avoir sur madame de Senneterre, ma chère enfant? Vous aurait-on proposé de donner des leçons de musique à ses filles?

Merveilleusement servie par ces paroles du bossu, qui la sortaient d'une grande difficulté, celle de donner un prétexte à ses questions, Herminie répondit, malgré la répugnance que lui causaient le mensonge et la feinte :

— Oui, Monsieur, une personne m'a dit que peut-être... on me procurerait des leçons dans cette grande maison... mais avant de donner suite à cette proposition très vague... il est vrai... je désirais savoir... si je puis attendre de madame la duchesse de Senneterre.... certains.... égards.... que la susceptibilité peut-être exagérée de mon caractère... me fait rechercher avant tout...

En un mot, Monsieur, je voudrais savoir si madame de Senneterre... est naturellement bienveillante... et si l'on ne trouve pas en elle cette fierté..... cette morgue hautaine..... que l'on rencontre quelquefois... chez les personnes d'une condition si élevée?

— Je vous comprends à merveille, et je suis enchanté que vous vous adressiez à moi; vous connaissant comme je vous connais, chère et *orgueilleuse* fille que vous êtes... je vous dirai : n'acceptez pas de leçons dans cette maison-là... Mesdemoiselles de Senneterre sont excellentes... c'est le cœur de leur frère... mais la duchesse!

— Eh bien! Monsieur, — dit la pauvre Herminie le cœur navré.

— Ah! ma chère enfant, la duchesse est

bien la femme la plus sottement infatuée de
son titre qu'il y ait au monde... ce qui est
singulier, car elle est très grandement née.
Or... le ridicule et la bête vanité du rang
sont ordinairement le privilége des parve-
nus... en un mot, ma chère enfant, j'aime-
rais mieux vous voir en relations avec vingt
M. Bouffard qu'avec cette femme d'une insupportable arrogance... Les Bouffard sont
si niais, si grossiers, que leur manque d'u-
sage amuse plutôt qu'il ne blesse ; mais chez
la duchesse de Senneterre, vous trouveriez
l'insolence la plus polie... ou la politesse la
plus insolente que vous puissiez imaginer,
et vous surtout, ma chère enfant, qui avez
à un si haut degré la dignité de vous-même,
vous ne resteriez pas dix minutes avec
madame de Senneterre sans être blessée à

vif, vous ne remettriez jamais les pieds chez elle... Alors à quoi bon y entrer?

— Je vous remercie... Monsieur, répondit Herminie, écrasée par cette révélation qui détruisait la folle et dernière espérance qu'elle avait conservée..... malgré elle : que peut-être madame de Senneterre, touchée de l'amour de son fils... consentirait à la démarche que le légitime orgueil d'Herminie mettait comme condition suprême à son mariage avec Gerald.

Le marquis reprit :

— Non, non, ma chère enfant, cette maison-là ne vous mérite pas... et, en vérité, il faut que Gerald de Senneterre soit aussi aveuglé qu'il l'est par la tendresse filiale, pour ne pas s'impatienter de l'extravagante vanité de sa mère et ne pas s'apercevoir enfin que cette glorieuse a le cœur aussi sec qu'elle a l'esprit étroit... et que si quelque chose surpasse encore son égoïsme... c'est sa cupidité : j'ai de bonnes raisons pour le savoir... aussi je suis ravi de lui enlever une victime... en vous éclairant sur elle... Allons... à bientôt, mon enfant! je suis tout content de vous avoir, par ce conseil, épargné quelques chagrins d'amour-propre, et ce sont les pires pour les nobles cœurs comme le vôtre... Mettez-moi donc souvent à même de vous être bon à quelque chose ; si peu que cela soit, voyez-vous, je m'en contente... en attendant mieux. Ainsi donc, à samedi.

— A samedi, Monsieur.

M. de Maillefort sortit.

Herminie resta seule à seule avec son désespoir, alors sans bornes.

XI

Le jour du grand bal donné par madame de Mirecourt était arrivé.

A cette fête brillante, les trois prétendants à la main de mademoiselle de Beaumesnil devaient se rencontrer avec elle.

Cette importante nouvelle que *la plus riche héritière de France* allait faire ce soir-là son entrée dans le monde, était le sujet de toutes les conversations, l'objet de la curiosité générale et faisait oublier la récente et triste nouvelle d'un suicide qui jetait dans la désolation l'une des plus illustres familles de France.

Madame de Mirecourt, la maîtresse de la maison, se montrait franchement glorieuse de ce que son salon eût l'*étrenne* de mademoiselle de Beaumesnil (cela se dit ainsi en argot de bonne compagnie), et elle se félicitait intérieurement en songeant que ce serait probablemen chez elle que se concluerait le mariage de la célèbre héritière avec le duc de Senneterre, car, toute dévouée à la mère de Gerald, madame de Mirecourt était l'une des plus ardentes entremetteuses de cette union.

Postée, selon l'usage, dans son premier salon, afin d'y recevoir les femmes à leur entrée chez elle et d'y être saluée par les hommes, madame de Mirecourt attendait avec impatience l'arrivée de la duchesse de Senneterre : celle-ci devait être accompagnée de Gerald, et avait promis de venir de bonne heure ; cependant elle n'arrivait pas.

Un grand nombre de personnes, attirées par la curiosité, encombraient, contre l'habitude, ce premier salon, afin d'être des premières à apercevoir mademoiselle de Beaumesnil, dont le nom circulait dans toutes les bouches.

Parmi les jeunes gens à marier, il en était bien peu qui n'eussent apporté un soin plus minutieux que de coutume à leur toilette, non qu'ils eussent des prétentions directes, avouées; mais enfin... qui sait... les héritières sont si bizarres! et qui peut prévoir les suites d'un entretien, d'une contredanse... d'une première et soudaine impression?

Aussi, chacun, en jetant un dernier et complaisant regard sur son miroir, se rappelait toutes sortes d'aventures incroyables, dans lesquelles d'opulentes jeunes filles s'enamouraient d'un inconnu qu'elles épousaient contre le vœu de leur famille; car tous ces dignes célibataires, d'une vertu rigide, n'avaient qu'une pensée : le *mariage*... et ils poussaient le scrupule, l'honnêteté si loin, ils aimaient tant le mariage pour le mariage même, que l'épouse ne devenait plus guère à leurs yeux qu'un accessoire.

Chaque célibataire, selon le caractère de sa physionomie, s'était donc ingénié à se mettre en valeur:

Les beaux, à se faire encore plus beaux, plus conquérants;

Ceux d'un extérieur peu agréable ou laid, se partageaient l'air spirituel ou mélancolique:

Enfin tou sse disaient, ainsi que l'on fait lorsque l'on s'est laissé prendre au piège tentateur de ces lotteries allemandes qui offrent des gains de plusieurs millions:

« Certes, il est absurde de croire que je

« gagnerai un de ces lots fabuleux ; j'ai
« contre moi je ne sais combien de millions
« de chances... *mais enfin... l'on a vu des ga-*
« *gnants...* »

Quant aux personnes dont se composait la société de madame de Mirecourt, elles étaient à peu près les mêmes qui avaient asssisté quelques mois auparavant au bal de jour donné par madame de Senneterre, et qui, lors de cette fête, avaient pris plus ou moins part aux conversations dont la mort présumable de madame la comtesse de Beaumesnil avait été le sujet.

Plusieurs de ces personnes se rappelaient aussi la curiosité qu'avait inspirée à cette époque mademoiselle de Beaumesnil alors en pays étranger et que personne ne connaissait ; la plupart des invités de madame de Mirecourt, allaient donc enfin avoir dans cette soirée la solution de ce problème posé quelques mois auparavant :

La plus riche héritière de France était-elle belle comme un astre ? ou laide comme un monstre : luxuriante de santé ? ou malingre, et phthisique ? (et l'on se souvient que les fins gourmets en fait d'héritière avaient prétendu que rien n'était en ce genre plus délicat et plus recherché qu'une orpheline poitrinaire).

Dix heures sonnaient.

Madame de Mirecourt commençait à s'inquiéter ; madame de Senneterre et son fils ne paraissaient pas, et mademoiselle de Beaumesnil pouvait arriver d'un moment à l'autre ; or, il avait été convenu qu'Ernestine serait pendant toute la soirée accostée de madame de la Rochaiguë et de madame de Senneterre, et que celle-ci ménagerait adroitement à Gerald la première contredanse avec l'héritière.

A chaque instant le monde se succédait plus pressé ; parmi les nouveau-venus, M. de Mornand, suivi de M. de Ravil, alla de l'air du monde le plus désintéressé, saluer madame de Mirecourt qui l'accueillit à merveille et lui dit très innocemment sans croire rencontrer si juste :

— Je suis sûre que vous venez un peu pour moi, monsieur de Mornand, et beaucoup pour voir la lionne de cette soirée, mademoiselle de Beaumesnil.

Le futur ministre sourit et répondit avec une infernale diplomatie :

— Je vous assure, Madame, que je suis venu tout naïvement pour avoir l'honneur de vous présenter mes hommages et assister à une de ces fêtes charmantes que vous seule savez donner.

Et M. de Mornand, s'étant incliné, s'éloigna de madame de Mirecourt, et dit tout bas à de Ravil :

— Vas donc voir si ELLE est dans les autres salons... Moi... je reste ici, tâche de m'amener le baron, si tu le rencontres.

De Ravil fit un signe d'intelligence à son Pylade, se mêla aux groupes, et se dit, en pensant à sa rencontre de la veille, dont il s'était bien gardé de parler à M. de Mornand :

— Ah ! cette héritière s'en va seulette... en grisette, dans des quartiers déserts, et revient trouver cette abominable madame Lainé qui l'attend complaisamment en fiacre... Je ne m'étonne plus si cette indigne gouvernante m'a déclaré net, il y a quinze jours, que je ne devais plus compter sur son influence que j'avais espéré si bien escompter. Mais au profit de qui favorise-t-elle cette intrigue de la petite de Beaumesnil ? car il doit y avoir nécessairement là une intrigue. Ce gros niais de Mornand n'y est pour rien... je l'aurais su... Il faut que je démêle le vrai de tout cela... car, plus j'y songe, plus il me semble qu'il y a là motif... à faire *chanter la poule aux œufs d'or...* et sur ce, observons.

Au moment où le cynique se perdait dans la foule, la duchesse de Senneterre arrivait, mais seule, et la figure altérée par une vive contrariété.

Madame de Mirecourt se leva pour aller au-devant de madame de Senneterre; et avec cet art que les femmes du monde possèdent à un si haut degré, elle trouva moyen, au milieu de cent personnes, et en ayant l'air d'adresser à la duchesse les banalités d'usage, d'avoir avec elle à demi-voix l'entretien suivant :

— Et Gerald?...

— On l'a saigné ce soir.

— Ah! mon Dieu! qu'a-t-il donc?

— Depuis hier il est dans un état affreux.

— Et vous ne m'avez pas prévenue, chère duchesse?

— Jusqu'au dernier moment il m'avait promis de venir... quoiqu'il souffrît beaucoup.

— C'est désolant... mademoiselle de Beaumesnil peut arriver d'un moment à l'autre... et vous l'auriez chambrée dès son entrée.....

— Sans doute... aussi je suis au supplice... et.. ce n'est pas tout...

— Quoi donc encore, chère duchesse?

— Je ne sais pourquoi... il m'est revenu des doutes sur les intentions de mon fils.

— Quelle idée!

— C'est qu'il mène une vie si singulière depuis quelque temps...

— Mais alors il ne vous eût pas promis encore aujourd'hui, et quoique souffrant, de venir ici ce soir pour se rencontrer avec mademoiselle de Beaumesnil.

— Sans doute... et, d'un autre côté, ce qui me rassure, c'est que M. de Maillefort, dont madame de la Rochaiguë redoutait l'insupportable pénétration et que mon fils avait imprudemment mis dans la confidence de nos projets... c'est que M. de Maillefort est pour nous, car il sait le but de la rencontre de ce soir, et il devait nous accompagner moi et Gerald.

— Enfin, que voulez-vous, ma chère duchesse, ce n'est qu'une occasion perdue;

mais, en tout cas... dès que madame de la Rochaiguë va arriver avec mademoiselle de Beaumesnil... ne les quittez pas... et arrangez-vous avec la baronne pour que la petite n'accepte pour danseurs que des... insignifiants...

— C'est très important...

Et après avoir ainsi causé quelques instants debout, les deux femmes s'assirent sur un sopha circulaire.

De nouveaux personnages venaient à chaque instant saluer madame de Mirecourt; soudain madame de Senneterre fit un mouvement et dit tout bas et vivement à son amie :

— Mais, c'est M. de Macreuse qui vient d'entrer... vous recevez donc cette *espèce?*

— Comment, ma chère duchesse? mais je l'ai vu mille fois chez vous... et c'est une de mes meilleures amies, la sœur de monseigneur l'évêque de Ratopolis.... madame de Cheverny, qui m'a demandé une invitation pour M. de Macreuse; d'ailleurs, il est reçu partout, et même avec distinction... car son *OEuvre de saint Polycarpe*...

— Eh! ma chère... *saint Polycarpe* ne fait rien du tout à la chose — dit impatiemment la duchesse en interrompant madame de Mirecourt, j'ai reçu ce monsieur comme tout le monde et j'en suis aux regrets, car j'ai appris que c'était un bien grand drôle... je vous dirai même que c'est un homme à chasser de partout!... On parle d'objets de prix disparus pendant ses visites, — ajouta madame de Senneterre très mystérieusement et sans rougir le moins du monde de ce mensonge, car le protégé de l'abbé Ledoux n'était pas homme à s'amuser à des bagatelles.

— Ah! mon Dieu! — s'écria madame de Mirecourt, — mais, c'est donc un voleur?

— Non, ma chère, seulement il vous emprunterait un diamant ou une épingle sans songer à vous en avertir...

Au moment même de cet entretien, M. de Macreuse qui, en s'avançant lentement, avait suivi du regard le jeu de la physionomie des deux femmes, soupçonna leur malveillance pour lui, mais vint néanmoins saluer la maîtresse de la maison avec un imperturbable aplomb, et lui dit :

— J'aurais désiré, Madame, avoir l'honneur de me présenter chez vous ce soir sous les auspices de madame de Cheverny... qui avait bien voulu se charger de moi; malheureusement elle est souffrante et me charge d'être auprès de vous, Madame, l'interprète de tous ses regrets...

— Je suis désolée, Monsieur, que cette indisposition me prive du plaisir de voir ce soir madame de Cheverny, — répondit sèchement madame de Mirecourt, encore sous l'impression de ce que venait de lui dire madame de Senneterre.

Mais le Macreuse ne se déconcertait pas facilement, et, s'inclinant ensuite devant la duchesse, il lui dit en souriant :

— J'ai moins à regretter ce soir le bienveillant patronage de madame de Cheverny, car il m'aurait été presque permis de compter sur le vôtre, Madame la duchesse.

— Justement... Monsieur... — répondit madame de Senneterre avec une expression de hauteur amère, — je parlais de vous à madame de Mirecourt lorsque vous êtes entré... et je la félicitais sincèrement d'avoir l'honneur de vous recevoir chez elle.

— Je n'attendais pas moins des bontés habituelles de madame la duchesse, à qui j'ai dû tant de précieuses relations dans le monde, — répondit M. de Macreuse, d'un ton respectueux et pénétré.

Après quoi, saluant de nouveau, il passa dans le salon voisin.

Le protégé de l'abbé Ledoux (ancien confesseur de madame de Beaumesnil), en vrai roué de sacristie, était trop madré... trop clairvoyant, trop soupçonneux, pour n'avoir pas senti, lors de son entrevue avec madame de Senneterre (entrevue où il s'était ouvert sur ses prétentions à la main de mademoiselle de Beaumesnil), qu'il venait, comme on dit vulgairement, de faire un *pas de clerc*, bien que la duchesse lui eût promis son appui.

Trop tard, le Macreuse s'était reproché de n'avoir pas réfléchi que la duchesse avait un fils à marier; l'accueil sardonique et hautain qu'elle venait de lui faire, confirma les soupçons du pieux jeune homme; mais il s'inquiéta médiocrement de cette hostili t se croyant certain, d'après les rapports de mademoiselle Héléna de la Rochaiguë, non seulement que personne n'était alors sur les rangs pour épouser mademoislle de Beaumesnil, mais que celle-ci l'avait particulièrement distingué, lui, Macreuse, et qu'elle avait paru touchée de sa douleur et de sa piété.

M. de Macreuse, plein d'espoir, s'assura d'abord que mademoiselle de Beaumesnil ne se trouvait dans aucun salon, et il attendit son arrivée avec impatience, bien résolu d'épier le moment opportun pour l'engager à danser... l'un des premiers... le premier, s'il le pouvait.

— A-t-on idée d'une impudence égale à celle de M. de Macreuse! — dit madame de

Senneterre outrée à madame de Mirecourt, lorsque le protégé de l'abbé Ledoux fut éloigné.

— En vérité, ma chère duchesse, ce que vous m'apprenez, m'étonne à un point extrême : et quand on pense que l'on citait partout M. de Macreuse comme un modèle de conduite et de piété!...

— Oui, il est joli, le modèle... je vous en dirai bien d'autres sur son compte...

Et s'interrompant, madame de Senneterre s'écria :

— Enfin, voilà mademoiselle de Beaumesnil... Ah! quel malheur que Gerald ne soit pas ici!...

— Allons, consolez-vous, ma chère duchesse, du moins mademoiselle de Beaumesnil n'entendra parler que de votre fils pendant toute la soirée... Restez là... je vais vous amener cette chère petite... vous et la baronne ne la quitterez pas.

Et madame de Mirecourt se leva pour aller au-devant de mademoiselle de Beaumesnil qui arrivait, accompagnée de M. et de madame de la Rochaiguë : la jeune fille donnait le bras à son tuteur.

Un bourdonnement sourd, causé par ces mots échangés à voix basse : *C'est mademoiselle de Beaumesnil,* provoqua bientôt dans tous les salons un mouvement général, et un flot de curieux encombra l'embrasure des portes du salon où se trouvait Ernestine.

Ce fut au milieu de cette agitation, de cet

empressement causé par son arrivée, que *la plus riche héritière de France*, baissant les yeux sous les regards attachés sur elle de toutes parts, fit, comme on dit : *son entrée dans le monde*.

La pauvre enfant comparait, à part soi, dans une ironie méprisante, cette impatience, cette avidité de la voir et surtout d'être aperçu d'elle, ces murmures d'admiration que quelques habiles firent même entendre sur son passage, à l'accueil si complètement indifférent qu'elle avait reçu le dimanche passé chez madame Herbaut ; aussi se sentait-elle de plus en plus résolue de pousser aussi loin que possible la contre-épreuve qu'elle venait chercher, voulant savoir une fois pour toutes à quoi s'en tenir sur la dignité, sur la sincérité de ce monde où elle semblait destinée à vivre.

Mademoiselle de Beaumesnil, au grand désespoir des la Rochaiguë, et avec une soudaine opiniâtreté qui les avait confondus et dominés, avait voulu être aussi modestement vêtue que lorsqu'elle s'était présentée chez madame Herbaut : une simple robe de mousseline blanche et une écharpe bleue en tout pareilles à celles qu'elle portait le dimanche précédent, telle était la toilette de l'héritière, qui, dans cette courte épreuve, voulait paraître sans plus ni moins d'avantages que lors de la première.

Ernestine avait même eu la pensée de s'accoutrer le plus ridiculement du monde, presque certaine que les louanges pleuvraient de toutes parts sur la *charmante originalité* de sa toilette; mais elle renonça bientôt à cette folie, en songeant que cette nouvelle épreuve était chose grave et triste.

Ainsi que cela avait été convenu à l'avance entre mesdames de Mirecourt, de Senneterre et de la Rochaiguë, dès son arrivée dans le bal, mademoiselle de Beaumesnil, traversant avec peine les groupes de plus en plus empressés sur son passage, et conduite par la maîtresse de la maison, alla prendre place dans le vaste et magnifique salon où l'on dansait.

Madame de Mirecourt laissa Ernestine en compagnie de madame de la Rochaiguë et de madame de Senneterre, que la baronne venait de rencontrer... par hasard.

Non loin du canapé où était assise l'héritière, se trouvaient plusieurs charmantes jeunes filles, aussi belles et beaucoup plus élégamment parées que les reines du bal de madame Herbaut; mais tous les regards étaient tournés vers Ernestine.

Ce soir, je ne manquerai pas de danseurs, — pensait-elle, — je ne serai pas invitée *par charité*... toutes ces charmantes personnes seront sans doute délaissées pour moi.

Pendant que mademoiselle de Beaumesnil observait, se souvenait et comparait, madame de Senneterre dit tout bas à madame de la Rochaiguë, que malheureusement Gerald était si gravement malade, qu'il lui serait impossible de venir au bal, et il fut convenu que l'on ne laisserait danser Ernestine que fort peu avec des personnes très prudemment choisies.

Pour arriver à ce résultat, madame de la Rochaiguë dit à Ernestine :

— Ma chère belle.... vous pouvez juger de l'étourdissant effet que vous produisez, malgré l'inconcevable simplicité de votre toilette ; je vous l'avais toujours prédit, sans la moindre exagération, vous le voyez bien.... aussi allez-vous être accablée d'invitations... Mais comme il ne convient pas que vous dansiez indifféremment avec tout le monde, lorsqu'il me paraîtra que vous pouvez accepter un engagement, j'ouvrirai mon éventail, si, au contraire, je le tiens fermé.... vous refuserez en disant que vous dansez fort peu..... et que vous avez déjà trop d'invitations.

A peine madame de la Rochaiguë venait-elle de faire cette recommandation à Ernestine, que l'on se mit en place pour la contredanse.

Plusieurs jeunes gens, qui mouraient d'envie d'engager mademoiselle de Beaumesnil, hésitaient cependant, croyant, avec raison, manquer aux convenances en la priant au moment même de son entrée dans le bal.

M. de Macreuse, moins scrupuleux et plus adroit, n'hésita pas une seconde; il fendit rapidement la foule et vint timidement prier Ernestine *de lui faire l'honneur de danser la contredanse qui commençait.*

Madame de Senneterre, stupéfaite de ce qu'elle appelait l'*audace inouïe* de ce M. de Macreuse, se pencha vivement à l'oreille de madame de la Rochaiguë pour lui dire de faire signe à Ernestine de refuser; il était trop tard.

Mademoiselle de Beaumesnil, très impatiente de se trouver pour ainsi dire en tête à tête avec M. de Macreuse, accepta vivement son invitation, sans attendre le jeu de l'éventail de madame de la Rochaiguë, et, au grand étonnement de celle-ci, elle se leva, prit le bras du pieux jeune homme, et alla se placer à la contredanse.

— Ce misérable-là est d'une insolence effrayante, — dit la duchesse courroucée.

Mais elle s'interrompit soudain et s'écria avec l'expression de la joie la plus vive, la plus inattendue, en s'adressant à madame de la Rochaiguë :

— Ah ! mon Dieu, c'est lui !

— Qui cela ?

— Gerald !...

— Quel bonheur!... Où donc le voyez-vous, ma chère duchesse?

— Là-bas, dans l'embrasure de cette fenêtre..... Pauvre enfant, comme il est pâle, — ajouta la duchesse avec émotion, — quel courage il lui faut!..... Ah! nous sommes sauvées...

— En effet... c'est lui, — dit madame de la Rochaiguë, non moins joyeuse que son amie. — M. de Maillefort est auprès de lui. Ah! le marquis ne m'a pas trompée... il m'avait bien promis d'être dans mes intérêts, depuis qu'il sait qu'il s'agit de M. de Senneterre.

Pendant que madame de Senneterre faisait signe à Gerald qu'il y avait une place vacante à côté d'elle, M. de Macreuse et mademoiselle de Beaumesnil figuraient à la même contredanse.

FIN DU QUATRIÈME VOLUME.

OEUVRES D'ALEXANDRE DUMAS.

Monte-Cristo. . . . . 12 vol. in-8
La Dame de Monsoreau. . . . . 8 vol. in-8
Les trois Mousquetaires. . . . . 8 vol. in-8
Vingt ans Après . . . . 8 vol. in-8
La Reine Margot. . . . . 6 vol. in-8
Ascanio . . . . 5 vol. in-8
Impressions de Voyage . . . . 5 vol. in-8
Le Speronare . . . . 4 vol. in-8
John Davis . . . . 4 vol. in-8
Le Corricolo . . . . 4 vol. in-8
Georges . . . . 3 vol. in-8
Fernande . . . . 3 vol. in-8
Le Maître d'Armes . . . . 3 vol. in-8
Sylvandire. . . . . 3 vol. in-8
Nouvelles Impressions de Voyage. . . 3 vol. in-8
Excursions sur les bords du Rhin. . . 3 vol. in-8
Isabel de Bavière. . . . . 3 vol. in-8
Pauline et Pascal Bruno. . . . . 2 vol. in-8
Le Capitaine Pamphile . . . . 2 vol. in-8
Cécile. . . . . 2 vol. in-8
Une année à Florence. . . . . 2 vol. in-8
Le Capitaine Paul . . . . 2 vol. in-8
La Villa Palmieri. . . . . 2 vol. in-8
Acté. . . . . 2 vol. in-8
Othon l'archer . . . . 1 vol. in-8
Maître Adam le Calabrais . . . . . . 1 vol. in-8
Praxède. . . . . 1 vol. in-8
Aventures de Lyderic . . . . 1 vol. in-8
Jeanne la Pucelle . . . . 1 vol. in-8
Filles, Lorettes et Courtisannes. . . . 1 vol. in-8

OEUVRES D'EUGÈNE SUE.

Les péchés capitaux (1re partie), *L'Orgueil*	8 vol. in-8
Martin l'enfant trouvé	12 vol. in-8
Le Juif errant	10 vol. in-8
Les Mystères de Paris	10 vol. in-8
Mathilde	6 vol. in-8
La Vigie de Koatven	4 vol. in-8
Jean-Cavalier	4 vol. in-8
Arthur	4 vol. in-8
Histoire de la Marine	4 vol. in-8
Deux Histoires	2 vol. in-8
Deleytar	2 vol. in-8
Le morne au Diable	2 vol. in-8
Thérèse Dunoyer	2 vol. in-8
Paula Monti	2 vol. in-8
Le Commandeur de Malte	2 vol. in-8
Atar-Gull	2 vol. in-8
La Salamandre	2 vol. in-8
Latréaumont	3 vol. in-8
La Coucaratcha	5 vol. in-8
Le marquis de Létorière	1 vol. in-8
Plik et Plok	1 vol. in-8

OEUVRES DE CHARLES DE BERNARD.

Un Beau-Père	3 vol. in-8
Le nœud Gordien	2 vol. in-8
Gerfaut	2 vol. in-8
La peau du Lion	2 vol. in-8
La chasse aux Amants } *Épuisé*	
Le Paravent	2 vol. in-8
L'Écueil	2 vol. in-8
Les ailes d'Icare	2 vol. in-8
Un homme sérieux	2 vol. in-8
Le gentilhomme campagnard	6 vol. in-8

OUVRAGES DU MARQUIS DE FOUDRAS.

	Vol. in-8
Les chevaliers du lansquenet............	10
(En collaboration avec Xavier de Montépin.)	
Lilia la Tyrolienne.......................	4
Suzanne d'Estouville.....................	4
Tristan de Beauregard...................	4
La comtesse Alvinzi.....................	2
Les gentilshommes chasseurs............	2
Madame de Miremont..................	2
Lord Algernon...........................	4

SOUS PRESSE :

Jacques de Brancion.....................	»
Le dernier des Roués....................	»
Un caprice de grande dame.............	»
Un drame en famille.....................	»
Dames de cœur et Dames de pique......	»
Les viveurs d'autrefois..................	»

(En collaboration avec X. de Montépin).

LA COMTESSE
DE SALISBURY

Par Alexandre Dumas.

SIX VOLUMES IN-8.

Les derniers volumes se vendent séparément.

Corbeil, imprimerie de Crété.

www.ingramcontent.com/pod-product-compliance
Lightning Source LLC
Chambersburg PA
CBHW060647170426
43199CB00012B/1703